# Studium leicht gemacht

## Alles Wissenswerte, um sich als Student durchs Leben zu schlagen

AF209057

von

Patrick Boch

Originaltitel:
„Studium leicht gemacht"
Alle Rechte liegen beim Autor
Herstellung: Books on Demand GmbH
ISBN 3-8311-1577-X

# Inhalt

# Vorwort

-----Ursprüngliche Nachricht-----
Von: Patrick Boch
Gesendet: Mittwoch, 20. Dezember 2000
An:patrick@boch.org
Betreff: Aus dem Tagebuch eines Studenten

## 1. Semester

**05:30** Der Quarz-Uhr-Timer mit Digitalanzeige gibt ein zaghaftes "Piep-Piep" von sich. Bevor sich dieses zu energischem Gezwitscher entwickelt, sofort ausgemacht, aus dem Bett gehüpft. Fünf Kilometer Jogging um den Aasee, mit einem Besoffenen zusammengestoßen, anschließend eiskalt geduscht.
**06:00** Beim Frühstück Wirtschaftsteil der Vortagszeitung repetiert und Keynes interpretiert. Danach kritischer Blick in den Spiegel, Outfit genehmigt.
**07:00** Zur Uni gehetzt. H1 erreicht. Pech gehabt: erste Reihe schon besetzt. Niederschmetternd. Beschlossen, morgen doch noch eher aufzustehen.
**07:30** Vorlesung, Mathe Kolberg. Keine Disziplin! Einige Kommilitonen lesen Sportteil der Zeitung oder gehen zu Bölling frühstücken. Alles mitgeschrieben. Füller leer, aber über die Witzchen des Dozenten mitgelacht.
**08:00** Vorlesung, Buchführung Issel. Verdammt! Extra neongrünen Pulli angezogen und trotz eifrigen Fingerschnippens nicht drangekommen.
**10:45** Nächste Vorlesung. Nachbar verläßt mit Bemerkung "Sinnlose Veranstaltung" den

3

Raum. Habe mich für ihn beim Prof entschuldigt.

**12:00** Mensa Stammessen II. Nur unter größten Schwierigkeiten weitergearbeitet, da in der Mensa zu laut.

**12:45** In Fachschaft gewesen. Mathe Skript immer noch nicht fertig. Wollte mich beim Vorgesetzten beschweren. Keinen Termin bekommen. Daran geht die Welt zugrunde.

**13:00** Fünf Leute aus meiner 0-Gruppe getroffen. Gleich für drei AGs zur Klausurvorbereitung verabredet.

**13:30** Dreiviertelstunde im Copyshop gewesen und die Klausuren der letzten 10 Jahre mit Lösungen kopiert. Dann Tutorium: Ältere Semester haben keine Ahnung.

**15:30** In der Bibliothek mit den anderen gewesen. Durfte aber statt der dringend benötigen 18 Bücher nur vier mitnehmen.

**16:00** Proseminar. War gut vorbereitet. Hinterher den Assi über seine Irrtümer aufgeklärt.

**18:30** Anhand einschlägiger Quellen die Promotionsbedingungen eingesehen und erste Kontakte geknüpft.

**19:45** Abendessen. Verabredung im "Blauen Haus" abgesagt. Dafür Vorlesungen der letzten paar Tage nachgearbeitet.

**23:00** Videoaufzeichnung von "WiSo" angesehen und im Bett noch das "Kapital" gelesen. Festgestellt, 18-Stunden-Tag zu kurz. Werde demnächst die Nacht hinzunehmen.

## 13. Semester

**10.30** Aufgewacht!! Ach, Kopfschmerzen, Übelkeit, zu deutsch: KATER!

**10.45** Der linke große Zeh wird Freiwilliger bei der Zimmertemperaturprüfung. (Arrgh!) Zeh zurück. Rechts Wand, links kalt; Mist, bin gefangen.

4

**11.00** Kampf mit dem inneren Schweinehund: Aufstehen oder nicht - das ist hier die Frage.
**11.30** Schweinehund schwer angeschlagen, wende Verzögerungstaktik an und schalte Fernseher ein (inzwischen auch schon verkabelt).
**12.05** Mittagsmagazin beginnt. Originalton Moderator: "Guten Tag liebe Zuschauer - Guten MORGEN liebe Studenten." Auf die Provokation hereingefallen und aufgestanden.
**13.30** In der Cafeteria der Mensa am Aasee beim Skat mein Mittagessen verspielt.
**14.30** In Rick's Café hereingeschaut. Geld gepumpt und 'ne Kleinigkeit gegessen: Bier schmeckt wieder! Kurze Diskussion mit ein paar Leuten über die letzte Entwicklung des Dollar-Kurses.
**15.45** Kurz in der Bibliothek gewesen. Nix wie raus, total von Erstsemestern überfüllt.
**16.00** Fünf Minuten im Seminar gewesen. Nichts los! Keine Zeitung, keine Flugblätter - nichts wie weg.
**17.00** Stammkneipe hat immer noch nicht geöffnet.
**18.15** Wichtiger Termin zuhause: BINGO !!
**18:20** Mist! Kein BINGO!! Stattdessen Live-Übertragung von Stöhn-Seles. SAT 1 war auch schon besser...
**19.10** Komme zu spät zum Date mit der blonden Erstsemesterin im Havanna. Immer dieser Stress!
**01.00** Die Kneipen schließen auch schon immer früher... Umzug ins Jovel.
**04.20** Tagespensum erfüllt. Das Bett lockt.
**05.35** Am Aasee von Erstsemester über'n Haufen gerannt worden. Hat mich gemein beschimpft.

Nein, diese Email war es nicht, die mich dazu inspiriert hat, das vorliegende Buch zu verfassen. Als die Email mich erreichte, hatte ich sogar den Grund für das Verfassen dieses Buches längst vergessen. Tatsächlich hat es insgesamt fast drei Jahre gedauert, bis das Buch jetzt endlich eine Form bekommt, bei der ich mich dazu durchringen konnte, etwas mit dem Manuskript zu tun, was man mit "Veröffentlichen" vergleichen kann. (An die etwas komplizierten und undurchsichtigen Sätze, liebe Leser, werden Sie sich gewöhnen müssen. Schließlich ist dies mein Buch und da hab ich alle Ratschläge meines Deutschlehrers vor knapp einer Dekade in den Wind geschossen und mal so geschrieben, wie mir der Schnabel bzw. die Feder bzw. die Tastatur gewachsen ist).
Ich erhebe keinerlei Anspruch auf Qualität, behaupte aber trotzdem, die Texte lassen sich lesen und beleuchten einigermaßen zynisch das Studentenleben wie es in Wirklichkeit ist. Ich denke ebenfalls, daß sich viele Studenten in den Texten wiedererkennen werden, nein, ich weiß es sogar, so lange ist meine Studentenzeit schließlich noch nicht her, und ich kenne immer noch genügend Studenten, die so oder ähnlich leben. Und ich werde noch über längere Zeit mit Studenten zu tun haben, auch solche, die

6

in meinem Alter sind. Ich kann mich zwar schon rühmen, ein Studium absolviert zu haben, aber einerseits bin ich erst 26 und repräsentiere somit eher den unteren Altersdurchschnitt von Studenten, d.h. ich werde noch viele Jahre lang viele gleichaltrige Menschen kennenlernen, die noch studieren. Andererseits komme ich ja vielleicht noch mal auf die Idee, ein so sinnvolles Studium wie Philosophie auf mich zu nehmen, dann selbstredend mit dem Ziel, irgendwann der älteste Student Deutschlands zu sein mit den meisten Semestern auf dem Buckel.

Die Erfahrungen, die ich in den Jahren meines Studiums nicht unbedingt ungern gemacht habe, möchte ich teilen. Und zwar mit anderen Ex-Studenten, die vielleicht ein wenig Nostalgie beim Lesen dieser Texte empfinden werden, mit Neustudenten, die sich so darauf vorbereiten können, was sie in den nächsten Jahren (bei Geisteswissenschaftlern: Jahrzehnten) so erwartet, mit Langzeitstudenten, die endlich mal ein perfektes Spiegelbild ihres Lebens vorgehalten bekommen und natürlich mit Eltern, die ja schließlich wissen wollen, was mit ihren Kindern passiert, wenn sie diese auf die Uni schicken. Marketingexperten der Verlage, die dieses Buch bzw. diesen Vorspann lesen sollten, aufgepaßt: Die weit gefaßte Zielgruppendefinition macht dieses Buch zu einem idealen Geschenk und würde sich enorm gut verkaufen. Auf Anfrage nenne ich Ihnen gerne meine finanziellen Vorstellungen für einen Vertragsabschluß.

Zurück zum Thema: Dieses handliche kleine Handbuch (auch an die doppelte Erwähnung sprachlich ähnlicher Begriffe werden Sie sich gewöhnen müssen. Ich bin schließlich nicht Günther Grass) deckt, wie ich denke, alle wichtigen Themen ab, die ein typisches Studentenleben so berühren. Wenn noch jemand andere Themenvorschläge hat, schicken Sie diese bitte an oben erwähnte Emailadresse, ich nehme auch gerne bereits vorgefertigte Texte entgegen, werde diese selbstverständlich unter meinem Namen veröffentlichen und im Falle eines kommerziellen Erfolges werden Sie ebenso selbstverständlich keinen Pfennig des Ertrages sehen. Vielleicht bedanke ich mich mal. Per Email.

Ich möchte mich an dieser Stelle auch nicht entschuldigen für alle Leute, deren Gefühle ich eventuell verletzen werde, unterlassen Sie trotzdem bitte sämtliche Todesdrohungen und Briefbomben, das bringt sowieso nur Ärger. Für alle Studenten: Dieses Buch auf keinen Fall verleihen, sondern auf Anfrage barsch erwidern: Kauf's Dir doch selber!

Danken möchte ich an dieser Stelle besonders Franz Beckenbauer und Benjamin von Stuckbad-Kacke, die mich ermutigt haben, indem sie mir immer wieder vor Augen geführt haben, daß mit gequirlter Scheiße tatsächlich Geld zu verdienen ist. Außerdem danke ich allen Drogenlieferanten, besonders Johnny Walker; ich wünsche ihm, daß er seinen Erzfeind Jim Beam endgültig besiegt.

Widmen möchte ich dieses Buch natürlich allen Studenten dieser Welt, die hoffentlich schlau genug sind, die versteckten Ratschläge in diesem Buch zu beherzigen und sich so ein erfülltes Leben und eine unvergeßliche Studentenzeit zu ermöglichen. Übertreibt es aber nicht, sonst bleibt die Zeit in falschem Sinne unvergeßlich und das wollen wir nicht. Außerdem werden in diesem Fall die Sozialkassen noch stärker als sowieso schon beansprucht.

Zum Schluß empfehle ich zur Lektüre dieses Buches (Achtung Sponsoren: die folgenden Worte bin ich gerne bereit, in eine bestimmte Marke umzuwandeln) ein Glas guten Alkohols.

Ich übernehme keine Haftung für Schäden, die aufgrund der Lektüre dieses Buches entstanden sind.

Noch eine Bemerkung am Rande: Wie aufmerksamen Lesern nicht entgangen sein dürfte, ist das vorliegende Buch in alter Rechtschreibung niedergeschrieben worden. Der Grund dafür ist recht einfach: Ich habe früher in der Schule die alte Rechtschreibung gelernt, während des Studiums habe ich – was mal wieder alle meine Theorien bestätigt – nichts gelernt und die Zeit, mir die neuen Regeln selbst anzueignen, habe ich als vielbeschäftigter Tagedieb natürlich nicht.

# Alkohol

Eigentlich würde ich dazu neigen, Alkohol pauschal den Drogen zuzuschreiben. Da Alkohol jedoch einen sehr wichtigen Stellenwert bei Studenten einnimmt, werde ich versuchen, die verschiedenen Facetten des Alkohols einmal zu beschreiben und an mehreren Selbstversuchen darzustellen. Ich beginne mit Bier.

Das gemeine an Bier, ausgelöst durch den relativ niedrigen Alkoholgehalt, ist, daß man die Zunahme des Alkohollevels, hervorgerufen durch das jeweils nächste Bier, nicht merkt. Wow, Wahnsinnssatz. Um so erstaunlicher, als ich diese Zeilen direkt nach dem Selbstversuch schreibe und zugeben muß, nicht wirklich fit zu sein.

Wie auch immer, ich greife vor. Also, beim Bier funktioniert das folgendermaßen: Das erste Bier schmeckt immer hervorragend. Das kühle Naß des frischgezapften Blonden (oder Dunklen), das den Gaumen langsam erfrischt, während die Finger gleichzeitig gekühlt werden durch die angenehme Kühle der güldenen Flüssigkeit im Innern des Glases und die Kondenstropfen, die sich am Äußeren des Glases bilden.

Das erste Bier also ist ein voller Hochgenuß. Auch das zweite Bier schmeckt noch sehr gut, wenn man auch die Feinheiten nicht mehr ganz so genießt wie noch beim ersten Bier. (Kleiner Einschub für Interessierte: 1. Ich rede hier von Norddeutschen Bieren, also 0,33 Liter, 2. Die Tatsache, daß man die Feinheiten beim zweiten Bier nicht mehr so genießt ist unter Ökonomen übrigens unter dem Synonym

„Grenznutzen" bekannt und jeder – wirklich jeder – Professor, der im 1. Semester Wirtschaft dieses Phänomen erklärt, benutzt das Bierbeispiel zur Veranschaulichung).

Auch das dritte Bier ist noch sehr lecker, wenn man inzwischen auch dazu übergegangen ist, sich mit seinem Gegenüber etwas intensiver zu unterhalten (bei andersgeschlechtlichem Gegenüber: siehe den Absatz übers Flirten im Kapitel „Kaffee – die soziale Komponente", bei gleichgeschlechtlichem Gegenüber: Der Absatz übers Diskutieren wird nachgeschoben).

Nach dem vierten oder fünften Bier beginnt der Alkohol dann langsam zu wirken. Allerdings, wie erwähnt, ohne daß man sich dessen bewußt wird. So steigt dann die Wirkung immer weiter und so ca. nach dem zehnten oder elften Bier merkt man dann doch, daß man tierisch einen im Tee hat. Zu diesem Zeitpunkt trinkt man das Bier dann wie Wasser und ohne groß darüber nachzudenken, ob man überhaupt durstig ist, ob man jetzt überhaupt Lust auf ein Bier hat, ob man überhaupt noch Geld hat, um all die Biere auf dem Deckel überhaupt zu bezahlen und ähnlich nichtige Überlegungen mehr. Irgendwann rebelliert dann der Körper, in dem er entweder das Bier wieder über den gleichen Kanal loswerden will, durch den es hereingekommen ist. Oder, das ist die gefährlichere Variante, er weigert sich standhaft, das Bier anzunehmen, eine Tatsache, die das Gehirn tatsächlich noch in der Lage ist, zu verarbeiten und mit einem „Ich geh jetzt" Ausspruch (natürlich mitten im Satz, in der Hochphase der Diskussion) auch zum Ausdruck bringt. Gefährlicher ist diese Variante, weil dann die Rebellion des Verdauungstraktes höchstwahrscheinlich auf den nächsten Morgen verschoben wird mit dem Ergebnis, daß man an diesem Tag bis 18 Uhr nichts mehr essen kann. Die Uhrzeit 18 Uhr ist übrigens keinesfalls aus der Luft gegriffen, vielmehr ist es so, daß man sich – unabhängig vom Aufstehzeitpunkt, Schwere der Magenrebellion und sonstigen Katerranderscheinungen – ab Punkt 18 Uhr so fit fühlt, daß man wieder feste Nahrung zu sich nehmen kann. Meine Vermutung ist, daß es sich hierbei um eine uralte Biofunktion handelt, die zu einer Zeit entstand, als unsere Vorfahren, damals noch auf Bäumen hausend, überreife Früchte zur Belustigung der allabendlichen Lausrunde aßen. Schließlich mußte man zu eben dieser Lausrunde am nächsten Tag wieder fit sein. Und da Lausrunden immer um Punkt 18 Uhr stattfanden, hat dieses Ritual dazu geführt, daß heute, Millionen Jahre später, der moderne Mensch immer noch um Punkt 18 Uhr wieder fit ist.

Was bedeutet das jetzt für den Studenten von heute? Ganz einfach: Egal wie hart die Party am Freitagabend war, zu „ran" ist man auf jeden Fall wieder fit.

Nächster Alkoholtest: Harter Alkohol, ich werde einen Selbstversuch mit Whiskey wagen, dieses Mal eine Liveberichterstattung mit einer Flasche, einem Fernseher und einer Packung Aspirin zu Vorbeugzwecken.

20.15, Akte X hat gerade angefangen, der Vorrat für heute abends sieht folgendermaßen aus: eine Flasche Whisky, Johnnie Walker, um genau zu sein (zugegeben, nicht der beste, aber der einzige, den es in einer 0,35 Liter Flasche gab – wenn ich dann noch immer nicht besoffen sein sollte, kann ich immer noch auf andere Alkoholika ausweichen, die etwas versteckter auf ihre Erfüllung warten), Vier Dosen Bier (gegen den Durst), eine Tüte Studentenfutter (schön fetthaltig), zwei Zeitschriften (eine gängige Wochenzeitschrift sowie eine spezielle Edition aus dem gleichen Hause, gekauft, weil sie einen Artikel enthält zum Thema „Das Geheimnis der Bestseller", vielleicht färbt ja etwas ab), und natürlich mein Laptop (bei dem sich gerade die Taste für das „H" verabschiedet hat, was das Schreiben ein wenig schwierig macht).

Und der Plan für heute abends sieht so aus: Ich werde mir nach diesen kurzen, einführenden Worten das erste Glas Whisky einschenken und nach selbigem die ersten Worte aufschreiben, die aus meinem Kopf sprudeln. Ich fürchte, es wird relativ wenig mit dem eigentlichen Thema dieses Kapitels zu tun haben, aber vielleicht dokumentiert es ja den geistigen Verfall, der mit steigendem Alkoholkonsum einher geht. Oder den geistigen Verfall des Pro-Sieben-Abendprogramms. Ich hatte mir überlegt, mich präventiv für den Schwachsinn zu entschuldigen, der im Folgenden evtl. produziert wird, aber ich glaube nicht, daß das Sinn haben würde, da ich mich sonst wohl für das ganze Buch entschuldigen müßte.

1. Glas (zur Erklärung: es handelt sich natürlich um Whiskygläser, wie sie in einer Bar ausgeschenkt werden, d.h. 4 cl plus Sympathie des Barkeepers seinem Gast gegenüber – in diesem speziellen Fall eine nicht zu unterschätzende Variable, da ich mich verständlicherweise doch recht sympathisch finde):
Mißgeschicke: eine heruntergefallene Nuß, eine herunterpurzelte Rosine.

Es kann mit dem Genuß zu tun haben, mit dem ich den Whisky im Moment trinke, aber man merkt tatsächlich eine gewisse Schwere im Kopf, was allerdings auch mit dem leichten Anflug von Kopfschmerzen zu tun haben könnte, die mich den ganzen Tag bereits plagen. Dies wäre auf jeden Fall die einzige nennenswerte körperliche Reaktion, abgesehen von dem leicht pelzigen Geschmack auf der Zunge (dafür übrigens das Bier) sowie der Wärme, die sich bei jedem Schluck langsam von der Zungen den Rachen hinabsenkt. Außerdem kündigt sich ein kleines Sodbrennen an, mal sehen, ob ich ihm erlaube, sich durchzusetzen.

2. Glas:

Inzwischen sind auch die Simpsons fast zuende, eine nennenswerte Änderung meines Zustandes ist jedoch nicht eingetreten. Die Schwere im Kopf hat etwas zugenommen, aber ansonsten, wie gesagt, keine Änderungen, zumindest auf der physischen Seite. Es ist ein wenig kälter geworden, deswegen ziert meinen Körper jetzt eine Bettdecke, das erste Bier ist auch fast alle und die Studentenfuttertüte ist halb voll (immerhin bin ich noch in einer positiven Stimmung, was das Wort „halbvoll" eindrucksvoll beweist). Kleine Notiz am Rande: Sowohl für das erste als auch für das zweite Glas habe ich ca. eine dreiviertel Stunde benötigt. Wie gesagt, nur eine Notiz am Rande, vielleicht später von Bedeutung.

Zwischenstand nach ca. 2,5 Gläsern: Die Schwere im Kopf ist einer gewissen Leichtigkeit gewichen, das Aufstehen zwecks Urinierens fällt deutlich schwerer und auch die Gesamtkoordination des Körpers beginnt, sich zu verändern. Tendenz zu unkontrolliertem Rülpsen erkennbar. Ich hol mir mal noch ein Bier zum Nachspülen.

3. Glas:

Nach dem dritten Glas macht sich dann schon der Alkohol bemerkbar. Ein etwas abgehobenes Gefühl, die Unruhe, die mich noch am Anfang des Abends in ihrer Gewalt hatte, ist inzwischen völlig verschwunden und einer gewissen Zufriedenheit gewichen. Meine Bewegungen werden unkoordinierter und langsamer, und ich kann sie besser mitverfolgen als in nüchternem Zustand. Diese Erfahrung ist übrigens auch die erste, dich ich mit Alkohol verbinde bzw. mit dem ersten Alkoholrausch. Das letzte Glas hat übrigens wieder eine dreiviertel Stunde gedauert. Und hektische Kamerabewegungen im Fernsehen werden mitunter störend. Die Flasche ist erst zur Hälfte leer. Irgendwas wollte ich jetzt noch sagen, aber auch das ist anscheinend eine Folge des Alkoholkonsums, ich weiß nicht mehr was. Kann auch an meinem fortgeschrittenen Alter liegen, glaub ich jetzt aber nicht wirklich.

4. Glas:

Das vierte Glas hat nur noch knapp 25 Minuten gedauert. Die Bewegungen, die ich durchführe werden immer überraschender. Wenn ich zum Beispiel mein Bierglas zum Mund führe, überrascht es mich, wie plötzlich sich dieses Bierglas auf einmal in der Nähe meines Mundes befindet (der Satzbau wird zunehmend schwieriger, da ich mich am Ende eines Satzes nicht mehr daran erinnern kann, was ich am Anfang geschrieben habe) bzw. auch der Umkehrweg ist überraschend, mit dem Erfolg, daß das Bierglas mit einer überraschenden Wucht auf den Tisch knallt. Immerhin gibt's dadurch mehr Schaum. Übrigens ist mir eingefallen, was ich im letzten Kapitel noch sagen wollte: Eine Tendenz zur überdurchschnittlichen Benutzung des Wortes „inzwischen". Hat sich inzwischen aber wieder gelegt. Aber Tendenz scheint sich als mein neues Lieblingswort in den letzten zwei Zeilen zu etablieren. Merkt man, daß ich Alkohol getrunken habe?

Ich denke ich werde die strikte „Glasform" umgehen. Könnte 'ne Kippe gebrauchen. Bin aber Nichtraucher, also wohl eher nicht. Ja. Genau. Richtig.

Die Schritte bewegen sich zwischen einmal Whisky, einmal Bier. Schluckweise. Das Studentenfutter ist auch alle. Bier auch. Na ja, die zweite Dose, zwei warten noch im Kühlschrank. Die krieg ich auch noch weg. Im Fernsehen läuft ein Film mit Brad Pitt, Robert de Niro und Dustin Hoffman. Hab den Titel vergessen. Hab aber das Buch gelesen, vor dem Film. Vielleicht trag ich morgen den Titel nach. Oder übermorgen. Koordinationsschwierigkeiten werden stärker. Will gar nicht wissen, wie lange ich gebraucht habe, um diesen Satz zu schreiben. Vielleicht sollte ich das Verbessern von Wörtern und Sätzen lassen, nur um die Verfassung zu beschreiben, in der ich mich befinde. Also ab jetzt ist der Spell-Check von Word außer Kraft gesetzt.

Übrigens ist das nächste Glas leer. Das fünfte, glaube ich.

Langsam kämpfe ich mit dem Whisky, bin aber zuversichtlich, daß er gewinnt. Ich meine, ich gewinne. Zumindest für heute abend. Morgen früh sieht alles ganz anders aus. Eben hat der Whisky mir gesagt, er werde mir Kopfschmerzen bereiten. Ich glaube ihm. Mein Hosenstall ist offen.

„Johnnie Walker, jetzzt bist    Du wieder da."

„Jugendliche unter 18 Jahren, schwangere Frauen, jetzt kommen die harten Sachen"

Ich schätze, es sind noch zwei Gläser, bis ich es geschafft habe. Man sieht, iich kämpfe. Ich schwanke, aber ich falle nicht. Eigentlich auch ein guter Test, um meine Partyfähigkeit zu testen. Nach heute abend weiss ich, daß und  wie ich eine halbe Flasche  Whisky  und zwei oder drei Bier vertrage. Auch mal was schönes, normalerweise merkt man sich nicht, wieviel man auf einer Party trinkt, heute ist die einzige Chance, es mal zu testen. Glas sechs ist leer. Endspurt.

Ich habe das nächste Glas eingeschenkt. Und mein Hosenstall ist schon wieder offen. Ich merke inzwischen den Unterschied zwischen stehen (auf dem Klo) und Sitzen (auf dem Sofa). Stehen fällt deutlich schwerer, mal völlig abgesehen vom Aufstehen. Der Film ist inzwischen (schon wieder das Wort) auch zuende, das Fernsehen berichtet vom anstehenden Nationalfeiertag, in meinen Ohren bimmelt es und langsam bereite ich mich darauf vor, ins Bett zu gehen. Das nächste Glas ist, moment, jetzt leer. Das nächste ist eingeschenkt und die Flasche leer. Immerhin kann man daraus schließen (es ist das siebte Glas), das die durchschnittliche Glasmenge etwa 5 cl umfasste. Ein guter Durchschnitt für einen Whisky. Und die Bilder, die ich sehe, folgen etwas zu langsam meinen Bewegungen. Aber auch das etwas, das ich in meinem ersten Rausch kennengelernt habe. Eine positive Sache: alle hier gemeldeten Erfahrungen habe ich so deutlich und bewußt nur bei meinem ersten Rausch miterlebt. Danach war es quasi ein Normalzustand. Schön, mitzuerleben, daß auch ein einfacher Alkoholrausch noch so viele Überraschungen in sich birgt.

So. Whisky ist alle, Rülpstendenz weiter vorhanden, ich kann kaum klara (wer ist eigentlich Klara?) denken, im Ersten hat jemand bei Geparden gepwohnt und mein Bier steht noch halb voll vor mir. Die positive Grundstimmung ist immer noch da. Ist das Leben nicht schön? Langsam beginnen sowohl das Fernseh als auch das PC-Bild zu verschwimmen, ein eindeutiger Beweis meines mehr als unzulänglichen Koordinationsvermögens nach 0,35 Liter Johnnie Walker. Warum kommen eigentlich die guten Filme immer dann, wenn Otto-Normalverbraucher nicht zuhause ist (OK, ich bin vielleicht nicht Otto-Normalverbraucher, aber ich kenne das TV-

Programm und merke, daß selbiges komplett auf die Zielgruppe des 36-49jährigen Mannes zugeschnitten ist, der gerne Sport schaut und wenn nicht, vielleicht mal einen Film sieht. An die Mehrheit der Deutschen, die während der Woche nicht viel machen und viel lieber Filme sehen würden anstelle von „Emergency Room" oder Klinik Bad Nauheim Mitt, denk mal wieder niemand. Was die Werbemacher eben einfach nicht verstehen, ist die einfache Tatsache, daß ebendiese Leute im Moment nicht viel konsumieren, aber in den nächsten ca- 48 Monaten die Weltwirtschaft prägen, während die Zielgruppe, die im Moment angesprochen wird, frühestens in 10 Jahren die Fähigkeit erwirbt, auch nur einen Teil der Werbegelder, die in sie investiert wurden, wieder durch simplen Konsum zurückzuzahlen. Mal gut, daß ich mich komplett daraus raushalten kann, zumindest laut dem Segen des Autors von „Generation Golf". Der beschreibt einen Teil meiner Generation, allerdings genau den Teil der Generation, mit der ich absolut nix zu tun habe. Vielleicht lese ich das Buch auch mal, dann kann ich das Buch vielleicht nachvollziehen. Übrigens hatten die letzten Zeilen überhaupt nix mit der Fragestellung zu tun, dafür hab ichs mir endlich mal von der Seele geredet. Jetzt bin ich erstmal fertig. Whisky ist auch alle. Komplett alle. Die Menge merke ich mir, für in 2 Wochen in HH, da weiss ich zumindest, wann ich abgelehnt werde.Domian läuft, ein Zeichen sorgt dafür, daß die magische 1-uhrgrenze nicht überschritten wird. Und natürlich preist der Sender, der nach Mitternacht vom Sendeplatz von tm3 sendet, seine geniale Erfindung „Rocket Chef", die angeblich alle konventionellen Küchenhelfer ersetzt. 01805 – 2800. Mal gut, daß ich auf diese gesamte Bauernfängerei nicht reinfalle, daß ich den Leuten nicht glaube, wenn sie mir versprechen, man könnte damit mixen, schneiden, pürieren, Eis machen... Wie war noch gleich die Telefonnummer?

So, die letzten Schlücke Bier. Im Moment so ein Blödsinn wie die „Vorher-Nachher-Show". Ich frage mich immer, wie die Moderatorin das durchhält, die wäre meiner Meinung nach der erste Fall für eine Verbesserung des Aussehens. Eher zumindest als umgekehrt. Ich schalte lieber um. Und noch viel schlimmer: auf dem nächsten Programm läuft „Mary Shelleys Frankenstein". Bevor ich mich darauf einlasse, schalte ich lieber um. Punkt.

Das Fazit eines versoffenen Abends: Langeweile ohne Ende (die man nicht merkt, weil man zu betrunken ist), eine halbe Flasche Whisky und 3 Bier weggesteckt ohne Probleme. Und langsam spüre ich, wie mein komplettes System zusammenbricht, sowohl Koordination als auch Kraft als auch Beherrschung. Aus diesem Grund ziehe ich es vor, aus der Versenkung zu verschwinden, bis die Wogen sich in ca. 3-5 Jahren geändert haben. Nur ein Narr ist derjenige, der glaube, daß ich als waschechter Opportunist es fertig gebracht hätte, ihr zu überzeugen. Wie auch immer, ich geh jetzt nach Bett. Fazit für heute: eine halbe Flasche Whisky, drei Bier sowie jede Menge Blödsinn. Ein guter Durchschnitt, wie ich finde. Vielleicht näxtes Mal meHr?????

Der Tag danach. Erstaunlich gut geschlafen, völlig ohne Kopfschmerzen aufgewacht. Die stellten sich erst nach der Frühstücksmilch und der Dusche ein. Und dann kommen so langsam alle Symptome eines ausgewachsenen Katers: Brand ohne Ende, Hunger auf was richtig Deftiges, warm ist mir, und natürlich Kopfschmerzen, Kopfschmerzen, Kopfschmerzen. Das erste Bier am frühen Nachmittag (!) - immerhin ist heute ein Feiertag und die Feier beginnt eben schon früh - ist zunächst ein schwerer Kampf. Erst gegen Ende des Bieres lassen die Symptome nach und mein Körper will mir zu verstehen geben, daß er wieder bereit ist, Alkohol aufzunehmen. Erfolgreich übrigens. Schnell sind alle Nachwirkungen des vergangenen Abends verblaßt. Nur eine, die bleibt: Ein schlechtes Gewissen, weil ich mich alleine betrunken habe wie Harald Juhnke zu seinen besten Zeiten. Aber es geschah im Sinne der Wissenschaft und für die Nachwelt. In diesem Sinne bleibt nur noch eines zu sagen: Prost!

## *Diskussionen*

Wie versprochen noch der Einschub zum Thema "diskutieren". Er paßt, wie ich finde, besonders gut an diese Stelle, denn abgesehen von irgendwelchen abgedrehten Philosophiestudenten finden die meisten Diskussionen bei Studenten unter Alkoholeinfluß statt. Zu meinem Bedauern ist es aus der Mode gekommen, sich bei einem guten, kräftigen Alkoholgetränk zum Weltgeschehen zu äußern und darüber zu diskutieren. Die heutigen Diskussionsabende drehen sich eher um profane Dinge, das Diskutieren macht deswegen aber nicht weniger Spaß, im Gegenteil. Es ist auch schwer, solche Diskussionen zu charakterisieren oder sie zu beschreiben, da es dabei um so viele verschiedene Themen geht. Ich versuche – als Mann – mal eine kleine Generalisierung: Geht es um persönliche Dinge, könnte die Gefahr bestehen, daß die Diskussion ausartet und einer der Beteiligten sich persönlich betroffen fühlt. Allerdings kommt auch dieser Fall nicht sehr häufig vor, da Männer wohl nicht ganz so häufig über persönliche Sachen miteinander reden wie Frauen. Männer neigen an solchen Abenden eher dazu, entweder über Sport zu reden (wo die eine oder andere Auffassung mal lautstark vertreten wird) oder über Politik (wo auch die eine oder andere Auffassung mal lautstark vertreten wird). Meistens finden diese Art von Gespräche jedoch am Nachmittagskaffeetisch statt oder beim Abendessen. Zu fortgeschrittener Stunde neigen Männer untereinander doch eher dazu, sich weitestgehend bedeckt zu halten in ihren Äußerungen und jede Äußerung eines anderen mit einem zustimmenden Grunzen zu begleiten. Ganz anders sieht es aus, wenn Männer und Frauen beteiligt sind, wohlmöglich noch ein Mann und eine Frau. Wozu das führen kann: siehe Absatz Flirten im Kapitel Kaffee oder auch diverse Fachliteratur.

# Bücher

Bücher. Genau. Diese angeblich für Studenten so wichtigen, aus Papier bestehenden Dinger, etwa so groß wie ein Laptop. Dies nur zu Erklärung, denn die meisten Studenten haben diese Art Bücher, im Allgemeinen auch als Lehrbücher bekannt, noch nie gesehen. Die einzigen Bücher, die Studenten bekannt sind, haben etwa doppeltes Handy-Format (auch hier der absichtlich modern-technologisch gewählte Vergleich), und tragen Namen wie „King", „Grisham" oder „Clancy" als Autorennamen auf dem Einband, wahlweise auch „Fielding" oder „Walters".
Der Grund dafür ist einfach, aber dazu möchte ich etwas weiter ausholen.
Die Zunft der Professoren neigt an deutschen Universitäten dazu, sehr auf ihr Eigenwohl bedacht zu sein. Ist auch völlig verständlich, wenn man ihr mickriges Einkommen betrachtet und der schon fast nicht mehr in Relation stehenden Arbeit für dieses C4-Gehalt gegenüberstellt. Daher verfassen Professoren ihre eigenen Bücher, hauptsächlich über den Stoff, über den sie auch referieren. In Sprache und Stil eigentlich für ihre Professorenkollegen geschrieben (die sich aber nicht dafür interessieren, sondern statt dessen ihre eigenen Bücher schreiben), zwingen sie Studenten mit einem simplen Trick dazu, die Bücher auch zu kaufen: In ihren Vorlesungen animieren sie mit Worten wie „Näheres kann auch in meinem Buch, Kapitel xx, recherchiert werden", Studenten dazu, dieses Buch auch tatsächlich zu kaufen.
Zum Glück ist der Student an sich zwar faul, aber bei weitem nicht blöd. Und er wehrt sich folgender-

maßen: Meistens gibt es einige wenige im Kommili-
tonenkreis, die sich das Buch aufgrund dieser Aus-
sagen tatsächlich kaufen. Diese wenigen sind übrigens diejenigen, die später ihr Studium mit „summa
cum laude" abschließen und von der Gesellschaft
dann fälschlicherweise der Intelligenz bezichtigt
werden – Klugheit, vielleicht, Intelligenz, na ja, es
kommt doch stark auf die Definition an.

Der überwiegende Großteil der Studenten kopiert
sich das Buch stattdessen. Eine nicht nur günsti-
gere, sondern auch schlauere Methode, unter anderem, weil sich in Kopien viel leichter herum-
schmieren läßt, aber auch, weil Kopien sich am
Ende eines Studiums – oder eines Semesters, es
hängt ganz von der Risikobereitschaft des jeweiligen
Studenten ab – wesentlich leichter wieder voneinan-
der lösen und in hohem Bogen die Treppe im Uni-
gebäude runterschmeißen lassen.

Nun gut, es ist zwar der Großteil der Studenten, die
so oder ähnlich verfahren, ein anderer Teil, das
gebe ich nach reichlicher Bedenkzeit zu, hat tatsächlich schon mal Bücher gesehen. Ich meine, welcher
Student geht denn nicht mal in eine Bibliothek. Nicht
nur aufgrund der umfangreichen Sammlung medizi-
nischer Literatur, die in jeder Einzelheit die anatomi-
schen Gegebenheiten des anderen Geschlechts
darstellt (besuchen Sie mal eine Unibibliothek und
suchen Sie nach entsprechender Fachliteratur – die
ist garantiert ausgeliehen), sondern auch und gerade weil dort ein hervorragender Ort ist, um sich zu
verstecken und in der Vorlesung verpaßten Schlaf
nachzuholen. Diese Art von Studenten kennt dementsprechend auch hauptsächlich die richtig großen
Bücher – weil es sich hinter denen eben besser
verstecken läßt. Wobei ich persönlich zugeben muß,
zeit meines Studiums weder die Uni-Bibliothek je-

mals betreten zu haben, noch einen Bibliotheksausweis besessen zu haben – nicht mal für die mickrige Bibliothek, die wir in der FH zum Internetsurfen mißbrauchten.

Nun zu den Büchern, die nun wirklich alle Studenten kennen. Durchweg sind es Taschenbücher, weil sie gerade jenen Zweck, der auch ihren Namen ausmacht, außerordentlich gut erfüllen: Sie passen in die Tasche. Und zwar in jede Tasche, Sporttasche, Hosentasche, Jackentasche. Auch in die Hemdentasche, wenn man etwas quetscht und Risse in den Taschen in Kauf nimmt. Ist aber für Studenten nicht weiter relevant, da Studenten entweder gar keine Hemden tragen oder so billige, daß ein Riß mehr oder weniger auch nichts mehr ausmacht. Diese Taschenbücher, irgendwann im Nachkriegsdeutschland hierzulande populär geworden durch den Verleger Rowohlt – er wußte wohl selbst nicht, wie sehr er dem deutschen Bildungssystem mit seiner an sich noblen Absicht, Bücher für alle herauszubringen, schadete – sind für den Studenten von heute außerordentlich nützliche Begleiter. Und zwar aus folgenden Gründen:

1. Das Taschenbuch ist ein perfekter Langeweilekiller in Vorlesungsmarathons. Während Zeitschriften wie „Der SPIEGEL" auch bei doppeltem Durchlesen nie länger als eine Vorlesung vorhalten, können Bücher auch einen ganzen Tag überstehen, ohne endgültig durchgelesen zu sein. Leider kann es bei sogenannten „Wälzern", die es leider Gottes auch im Taschenbuchformat gibt, zu unerwünschten Nebenerscheinungen kommen. Nämlich, daß man es trotz einer Vorlesungszeit von acht...nein, sagen wir elf Uhr morgens (welcher Student ist schon um acht Uhr morgens an der Uni, geschweige denn in einer Vorlesung) bis

abends um acht nicht schafft, das Buch auch wirklich auszulesen, und man so den wesentlich wichtigeren Teil des Tages – eben den, der nicht an der Uni stattfindet – zu verpassen droht. Schließlich haben Studenten beileibe nicht die Disziplin, das Buch wegzulegen und für den morgigen Vorlesungstag aufzusparen.

2. Sollte der Student mal in die Verlegenheit kommen, eine Klausur schreiben zu müssen, gibt es neben den Mitschriften der weniger intelligenten Kommilitonen natürlich noch die Möglichkeit, das gesammelte, für eben diese Klausur benötigte Wissen, in Kurzform käuflich zu erwerben und so die Klausur zumindest mit einem „ausreichend" abzuschließen. Und diese Bücher erscheinen fast durchweg im Taschenbuchformat, was wohl in den Hirnen der Marketinggurus in den Verlagen die Kompaktheit des dort versammelten Wissens symbolisieren soll.

3. Der bereits eingangs erwähnte Vorteil, den das Format eines Taschenbuchs mit sich bringt. Neben des logistischen Vorteils kommen andere Vorteile dazu, wie die Tatsache, daß sich einfach mehr Taschenbücher auf 10qm unterbringen lassen als „Hardcoverbücher" und, daß man mit einem Taschenbuch notfalls auch mal auf eine Fliege oder einen unliebsamen Kommilitonen eindreschen kann – bei einem dicken Buch wäre sowohl der Kommilitone als auch die Fliege längst in Sicherheit geflüchtet. Abgesehen davon wirkt ein Taschenbuch mit Eselsohren geradezu erhaben, während Eselsohren bei einem gebundenen Buch eher störend wirken.

# Computer

Bevor ich anfange noch ein kleiner Warnhinweis: Die so genannten Primimäuschen (StudentInnen, die Primarstufe eins zu ihrem Lernziel auserkoren haben) dürfen jetzt weiterblättern, sie würden sonst mit einem Arbeitsgerät des 20. Jahrhunderts konfrontiert werden, was natürlich zu einem extremen Schockzustand führen würde. Der Autor übernimmt keine Haftung, falls diese Warnung fahrlässig überlesen werden sollte.

Der Computer ist sicherlich das wichtigste Hilfsmittel im Leben eines Studenten. Das mag zunächst etwas unglaublich klingen, macht aber dann Sinn, wenn man den Computer nicht als Arbeitsplatz betrachtet sondern als Multimedia-Maschine. Mittels eines Multimedia-PCs kann ein Student heute die zwei Sachen machen, die ihm am meisten Freude bereiten: Spielen und gegen das Gesetz verstoßen – wenigstens ein bißchen. Ich denke, es ist sinnvoll, wenn ich das mal ein wenig näher erläutere.

Der Spielepart ist relativ einfach, geht aber nahtlos in den anderen über. Jeder weiß, daß Computer heutzutage hervorragend zum Spielen geeignet sind. Dabei denkt jeder natürlich an die ehemals üblichen Ballerspiele, die in anderen Teilen der Bevölkerung weit verbreitet sind. Aber nicht vergessen: Wir reden von Studenten, die nicht eine oder zwei Stunden am Abend übrig haben, um mal eben die verschiedenen Ebenen von „Doom" durchzuspielen. Studenten haben noch viel mehr Zeit! Und müssen am nächsten Morgen nicht einmal früh raus. Daher sind Studenten doch eher den Strategiespielen zugeneigt, angefangen von Klassikern wie „Hanse" über Hybride wie „Bundesliga-Manager" bis hin zu Spielen, die schon an die Grenze der zuvor beschriebenen Spielegattung stoßen wie „Command & Conquer".

Und Studenten neigen dazu, diese Spiele durchzuspielen. Wer selbst einmal Hand angelegt und versucht hat, den alten 64er Klassiker „Hanse" oder „Vermeer" durchzuspielen, weiß, was das bedeutet: 24 Stunden nonstop vor dem Monitor! Mindestens. Aber Studenten haben die Zeit und nutzen sie auch, komme was wolle. Und im Vorfeld nehmen Studenten sogar Arbeit auf sich. Ja, ich weiß, es klingt nicht gerade glaubwürdig, aber es ist so. Da werden Netzwerke aufgesetzt, Kabel verlegt, Vorräte eingekauft, alles Dinge, die man von Studenten eigentlich nicht gewohnt ist. Aber wenn es um das Vergnügen geht, sind Studenten nicht zu stoppen. Übrigens wird dieses Organisationstalent auch später bei den Bewerbungen für den Job in euphemistischer Form in den Lebenslauf gepackt.

Wenn wir jetzt nun akzeptieren, daß Studenten viel Arbeit auf sich nehmen, um ein oder zwei Nächte lang dem Computerspiel zu frönen, stellt sich unweigerlich eine weitere Frage: Woher nehmen Studenten das Geld, um sich mehrere Spiele leisten zu können? Schließlich kostet ein Spiel teilweise mehrere hundert Mark. Die Antwort hierauf führt uns direkt und ohne über Los zu gehen ins Gefängnis, will sagen, zum zweiten Teil der Faszination, die ein Computer auf Studenten ausübt: die Illegalität. Man untersuche mal einen beliebigen Studenten-PC auf lizenzierte Software. Ich bin mir sicher, man wird keine finden. Oft ist sogar das Betriebssystem nicht lizenziert, je nachdem ob zwischen Computerkauf und Computeruntersuchung ein neues Windows erschienen ist oder nicht. Denn Studenten haben immer die neueste Software! Unlizenziert, selbstredend. (An dieser Stelle möchte ich mich bei den Informatik- und Ingenieurstudenten entschuldigen, die selbstverständlich täglich das neueste Linux-Update aus dem Internet ziehen, aber da kann ich leider zu wenig aus eigener Erfahrung sprechen, um hierüber was sagen zu können. Außerdem habt ihr doch auch das eine oder andere nicht lizenzierte Spiel, nicht wahr???)

In jedem Fall können Studenten hier den Hauch der Illegalität spüren. Und dieser Hauch von Illegalität beruht sogar auf einer gewissen Symbiose zwischen Softwareherstellern und Studenten. Die Softwarehersteller billigen die Benutzung unlizenzierter Software, ja sind sogar teilweise davon abhängig. Schließlich wollen die Studenten im späteren Berufsleben die gleiche Software nutzen, die sie schon als Student kennen- und schätzengelernt haben, und verlangen den Kauf dieser Software vom Arbeitgeber, woraufhin die Softwarehersteller sich natürlich ins Fäustchen lachen, verlangen sie doch pro Arbeitsplatz oft mehrere tausend Mark für eine Softwarelizenz. Die Studenten wiederum freuen sich über die Illegalität, da sie ihnen einen verruchten Ruf beschert, und sie später ihren Enkelkindern von ihrer wilden Studentenzeit erzählen können.

Eine weitere beliebte Spielwiese für Illegalitätssüchtige und müßige Studenten ist das Internet. Hier kann man so sinnlose Dinge machen wie stundenlang in der Mittagspause oder während der Informatik-Übungsstunden chatten, nur um schnell zu merken, daß die blonde, großgewachsene Traumfrau im Chatroom „Liebesgeflüster" eigentlich die häßliche Brillenschlange in der Reihe hinter einem ist. Andererseits erweitern Studenten ihre Musikkollektion, indem sie sich – ebenfalls illegalerweise – MP3

Dateien aus dem Internet laden. Aber auch diese beiden anscheinend so sinnlosen Beschäftigungen können sich im späteren Leben positiv auswirken: Durch das Chatten lernt man schneller zu tippen als jede Sekretärin, und durch das Herunterladen von Liedern übt man sich im Suchen und Finden im Internet. Man sieht, auch das Studentenleben ist mitunter sehr lehrreich. Um genau zu sein, man lernt nie mehr soviel wie während des Studentenlebens, allerdings habe ich noch keinen Studenten kennen gelernt, der von sich behauptet hätte, sich auch nur einen kleinen Teil dieses Wissens in den Vorlesungen angeeignet zu haben.

Überhaupt das Internet. Seit den späten neunziger Jahren der Tummelplatz überhaupt für Studenten jeglicher Couleur. Nicht umsonst waren es Studenten, die den ersten Webbrowser schrieben, die erste MP3-Musiktauschbörse ins Leben riefen und sogar ganze Betriebssysteme entwickelten; alles Dinge, die das Internet bzw. dessen Nutzung grundlegend verändern sollten. Der Grund, mal wieder, Studenten haben einfach viel zu viel Zeit, um Dinge im Internet zu machen, für die andere Leute einfach kein Verständnis haben. Erst wenn eine kritische Masse erreicht ist, die ersten Medien über dieses neue Phänomen berichtet haben und mehr und mehr Leuten der Nutzen des Ganzen auffällt, wird auch Otto Normalverbraucher hellhörig und übernimmt die Innovationen der Studenten. So wie es schon bei der Demokratie, der Atomphysik und dem elektrischen Dosenöffner geschehen ist - immer haben Studenten die Gesellschaft mit revolutionären Neuerungen durcheinandergebracht. Aber abgesehen davon haben Studenten das Internet nicht nur erfunden, sie gehören auch zu dessen fleißigsten Nutzern. Praktische Dinge wie fachliche oder Literaturrecherche haben das Internet ebenso zum wichtigen Arbeitsmittel eines jeden Studenten erkoren, wie Shareware, MP3 und in jüngster Zeit Divx ein umfassendes Unterhaltungsmedium aus dem World Wide Web gemacht haben. In früheren Zeiten wurde das Internet daher hauptsächlich dazu gebraucht, um sich die ersten aufkommenden Schmuddelseiten anzusehen und so die alten Zeiten des Ottokatalog-Wäscheseiten-Durchblätterns zu einer Farce verkommen ließen. Heute ist es der Hauch Verruchtheit, der, wie bereits erwähnt, Studenten den Adrenalinspiegel in die Höhe treibt, wenn er wieder mal den Softwareherstellern ein Schnippchen schlägt, indem er sich den einen oder anderen Crack runterlädt. Und weil das Netz natürlich die unter Studenten seit den berühmten 68ern verbreitete Skepsis gegenüber dem Establishment fördert, ist auch das runterladen von Musik zu einem weitverbreiteten Hobby unter Studenten verkommen. Wobei das Establishment hier natürlich durch die mächtigen Konzerne verkörpert wird, wodurch Studenten übrigens wieder mal beweisen, daß sie die Zeichen und die Wahrheit der Zeit deutlich früher erkennen als der Rest der Gesellschaft. Und wie schon 68, als die Studenten erfolglos versuchten, die Welt zu revolutionieren, ist inzwischen auch die nächste Revolution gescheitert, in der Studenten der Welt zeigen wollten, wie man alles anders machen kann, getrieben von der Euphorie, die das Internet hervorrief. Diese Phase, allgemein unter dem Titel "New Economy" bekannt geworden, wird wohl ebenso enden, wie vor knapp 30 Jahren - die Studenten haben ein Einsehen, daß man es auf diese Weise nicht machen kann, werden ihren berühmten Gang durch die Institutionen antreten, dabei werden sie verwässert und in weiteren 30 Jahren wird eine neue Generation von Studenten versuchen mit einer neuen Revolution die Welt zu verändern. Und sie wird ebenso grandios scheitern. Da fragt man sich, ob Marx nicht am Ende doch recht gehabt hat, und die Geschichte sich ständig wiederholt.

Zurück zum praktischen, zunächst etwas unspannendem Teil, der Internetrecherche. Was Studenten noch in den Anfangszeiten des Netzes als ultimativer Vorteil gegolten hat, ist inzwischen zu einem mehr als nervenden Nachteil mutiert. Schmuddelseiten sind immer gegenwärtig und sobald man einen normalerweise recht harmlosen Begriff in eine der zahlreichen Suchmaschinen eingibt, erscheinen zwangsläufig Links auf eine Vielzahl solcher Seiten und man hat oft Mühe, die qualifizierten Seiten herauszusuchen. Allerdings kann dieser Umstand auch erheblich zur Unterhaltung während der doch oft öden Recherchearbeit beitragen. Da Studenten jedoch die anstehende Recherche für eine Hausarbeit oder gar die Diplomarbeit erst kurz vor dem Abgabetermin derselbigen in Angriff nehmen, kann man es doch zu den eher nervenden Nebeneffekten des Internets zählen. Daher sollte man vielleicht doch in Erwägung ziehen, die einschlägigen Tips für die Recherche in Betracht zu ziehen, mit denen in vielen Broschüren oder Seminaren um sich geschmissen wird, wie z.B. die Verwendung Bohlscher Operatoren. Diese Tips bringen allerdings trotzdem nicht viel, aus mehreren Gründen. Zum einen ist die Handhabung solcher Operatoren von Suchmaschine zu Suchmaschine verschieden, hier hat sich leider noch kein Standard durchgesetzt. Zum anderen haben natürlich auch die Webmaster der Schmuddelseiten an diese Möglichkeit gedacht, so daß der (für die Benutzer unsichtbare) Kopf einer Schmuddelseite meist eine Komplettabschrift des Dudens enthält und man auf jeden Fall einen Großteil dieser Seiten unter den Suchergebnissen wiederfinden kann. Übrigens auch der Grund, warum Schmuddelseiten immer so lange zum Laden brauchen. Äh, nicht, daß ich mich da auskennen würde...hab ich aus verschiedenen Berichten gehört. Meiner Meinung nach ist es sowieso unnötig für Schmuddelseitenwebmaster, diese Vorgehensweise einzuhalten, da die meistgesuchten Begriffe im Internet eh irgendwas mit Sex zu tun haben.

Viel mehr läßt sich zu der einfachen Recherche im Internet nicht sagen, außer, daß sich das Angebot an vernünftigen Suchmaschinen auf ein Minimum beschränkt und selbst diese nur einen winzigen Teil des Internets absuchen. Das wiederum ist gar nicht dumm, da ein Großteil der Internetseiten hauptsächlich aus Schrott besteht, in dem Katzenbesitzer die Lieblingsfotos ihrer Katze ins Netz stellen oder Reiseberichte eingepflegt werden, die IRL (für Unbedarfte in Sachen Internet: In Real Life) eine einschläfernde Wirkung hätten, die die von Schlaftabletten um ein Vielfaches übertreffen würde. Leider sind die Suchmaschinen nicht so intelligent, diesen Schrott von den wichtigen Inhalten zu trennen, was die Recherche im Zweifel nicht einfacher macht. Aber man kann Suchmaschinen auch zu anderen Zwecken gebrauchen, und diese sind wahrscheinlich der Grund, warum so viele Schmuddelseiten überhaupt existieren. Man suche zum Beispiel nach einem Crack für ein bestimmtes Shareware-Programm oder einfach nach dem Schlagwort MP3. Hat man es einmal geschafft, unter den 5321542 Suchergebnissen die Brauchbaren herauszufiltern, wird man vom wohl nervtötendsten Nebeneffekt des Internets überrollt: Pop-Ups. Damit auch Hacker und Cracker und all diejenigen, die glauben, solche zu sein, ihre

Webseiten finanzieren können, öffnet sich beim Klick auf den langersehnten neuesten Charthit nicht etwa nur diese eine Seite, stattdessen sieht man seinen Computer auf einmal überquellen mit verschiedenen Internetfenstern. Da kommt doch recht schnell Zweifel auf, wie die Schmuddelseitenbetreiber überhaupt Geld machen, wenn so viele Seiten für sie werben und ergo auch für diese Werbung bezahlt werden müssen. Und diese Pop-Ups haben es in sich - von der Umstellung der eingestellten Homepage über die Verschleierung als Fehlermeldung bis hin zum Öffnen Dutzender weiterer Pop-Ups beim Schließen von nur einem Pop-Up existiert hier kein Tabu. Wahrscheinlich sind aus diesem Grund die populären Peer-to-Peer Netzwerke entstanden, einfach weil irgendein Nutzer irgendwann mal diese Pop-Ups satt hatte und auf nervensparendere Weise an seine Dateien kommen wollte. Wie dem auch sei, Peer-to-Peer wird zur Zeit von allen Seiten unter Beschuss genommen, die Nutzer müssen wieder auf Pop-Up Seiten ausweichen und Schmuddelseitenbetreiber wie die Musikindustrie sind glücklich. Nur die Nutzer selbst müssen wieder Nerven lassen. (Dies ein Aufruf an alle Programmierer dieser Welt: Hilfe!)

Aber das Internet hat auch seine guten Seiten. Die übrigens alle mit Kommunikation zu tun haben. Das eine wäre da das Chatten. Das hatten wir ja schon. Eine andere, etwas langsamere Variante ist Email. Extrem praktisch, wenn man sich mal auf Reisen oder sonstigen Geschäften im Ausland aufhält. Da heute eigentlich jeder eine Email Adresse hat (die, die jetzt sagen "ich nicht" sind entweder Pädagogen oder studieren einfach das Falsche. Kleiner Tipp: Pädagogik hat noch keinen NC), kann man so immer mit seinen Liebsten in Kontakt bleiben. Oder mit wem man sonst in Kontakt bleiben möchte. Richtig witzig wird Email allerdings erst, wenn man permanent online ist. Dann ersetzt Email nämlich das Chatten; mit dem Erfolg, daß eine Email, die aus lauter ein-Zeilen-Sätzen besteht am Ende mehrere hundert Kilobyte umfasst und als Subjekt "AW: Re: AW: Re: AW: Re: AW: Re: AW: Re: AW: Re: AW: Re:" usw. beinhaltet. Das Privileg bleibt allerdings nur den Studenten vorenthalten, die in einem guten Wohnheim wohnen und den ganzen Tag nichts anderes zu tun haben, als vor dem Computer zu hängen (genau, die Informatiker).

Aber auch für den Rest der Welt hat irgendein schlauer Mensch eine Lösung gefunden: Sie nennt sich Instant Messaging und ist quasi der Party-Ersatz für Leute, die sich auf eine normale Party nicht trauen. Beim Instant Messaging sieht man quasi immer sofort, wer gerade so im Internet rumhängt und kann mit demjenigen eine Konversation beginnen. Der Vorteil gegenüber einer Party: Man sieht nur diejenigen, mit denen man auch wirklich reden will. Diese Leute dürfen sich dann Buddy nennen. Stellt sich die Frage, wie Leute, die im wirklichen Leben niemanden ansprechen, ihre Buddys kennenlernen. Wahrscheinlich unter Vorspiegelung falscher Tatsachen im Chatroom. Was das Problem natürlich in keinster Weise löst. Aber egal.

Fazit: Das Internet ist eine tolle Sache. Die Geeks wissen endlich wie es ist, Spaß auf einer Party zu haben und wie nackte Frauen aussehen. Und der Rest der Welt ist endlich davon befreit, diese schrecklichen Geeks auf den Parties rumrennen sehen zu müssen.

# Drogen

Studenten nehmen keine Drogen. Eine Behauptung, die sicher so viel Wahrheitsgehalt hat wie die Behauptung, die deutsche Fußballnationalmannschaft hätte es verdient, bei der EM2000 bis ins Endspiel zu gelangen. Das Gegenteil ist der Fall. Studenten sind der Prototyp des drogengebrauchenden Homo sapiens. Warum trotzdem Studenten eher selten zu den Gestalten gehören, die am Hauptbahnhof einer jeden größeren Stadt (d.h. jene, die groß genug sind um einen Hbf zu besitzen oder diejenigen, die es sich einbilden zu sein) gehören liegt vor allem daran, daß mit dem Status eines Herumlungerers meist der Status des Studenten aufhört zu existieren. Oder daran, daß Studenten – wie ja seit den berühmt berüchtigten 68ern alle wissen, besonders die, die es schon immer gesagt haben – zumeist eher den sogenannten „weichen" Drogen zugetan sind, d.h. Haschisch, Bier und Orangensaft. Zudem gelingt es den Studenten aus unerklärlichen Gründen immer wieder, den Drogenkonsum begrenzt zu halten und zudem später, wenn die eigenen Kinder mal in das passende Alter kommen, überzeugend zu erklären, man habe das Zeug nie genommen und sie sowieso ein braver Student gewesen, der eigentlich nur für den Weg zur Uni und zurück jemals seine kleine, häßliche Bude verlassen habe. Eine Theorie, die spätestens dann über den Haufen geworfen wird bei der Frage, wo man denn dann seinen Partner kennengelernt hat.

Und, um das Ganze für die etwas prüderen Leser dieses Dokuments ins rechte Licht zu rücken, Studenten machen tatsächlich auch etwas anderes als

Kiffen! Eigentlich ist ja sogar Alkohol die am häufigsten konsumierte Droge, allerdings macht es weniger Spaß, Leute zu schocken mit der Bemerkung, Studenten seien sozusagen „allzeit breit", weil das einfach jeder versteht. Was allerdings kein Wunder ist, da Alkohol ja Volksdroge Nummer eins ist und meinen Schätzungen zufolge werden zwar Zigaretten in der nächsten Zeit (d.h. in den nächsten 50-100 Jahren) völlig verpönt, vielleicht sogar illegal sein, bei Alkohol wird dieser Prozeß allerdings noch etwas dauern, um nicht zu sagen, die Chancen stehen ausgesprochen gering.

Zunächst jedoch zu den weichen Drogen, wobei ich hier noch einmal - vor allem, um denjenigen Studenten, die ihren heimlichen Joint in gemütlicher Runde tatsächlich einmal ihren Eltern gestehen, ein paar Argumente in die Hand zu geben - ein paar Fakten über weiche Drogen. Zunächst Orangensaft:

• Orangensaft macht nicht körperlich süchtig!
• Orangensaft ist keine Einstiegsdroge.
• Noch ist niemand an Orangensaft gestorben.
• Ein Glas Orangensaft ist gesünder als eine Zigarette oder ein Glas Bier, ja im Gegensatz zu Alkohol und Tabak greift Orangensaft sogar den Körper so gut wie gar nicht an, gerüchteweise wurde lediglich manchmal von Fällen der Übersäuerung der Magensäure berichtet.

Man sieht also, alle Horrormärchen über diese Droge sind maßlos übertrieben. Es versteht sich von selbst, daß für die, selbst von konservativen Menschen als weitaus schwächer eingeschätzte Droge Haschisch die gleichen bzw. ähnliche Argumente gelten.

Als verantwortungsbewußter Autor sei hier noch
eine Warnung vor den einschlägigen Drogen nachgeschoben:
Die Dosierung ist bei vielen Drogen äußerst unge-
nau und zudem kann man nicht genau abschätzen,
wann die erwünschte Wirkung eintritt. So kann es
passieren, daß man z.B. einen Kräuterkeks zu sich
nimmt, nichts spürt, angesichts eines solchen Mißer-
folges frustriert zum Fußballspielen im Park geht und
dort auf einmal seine Mitspieler für ferngesteuerte
Außerirdische hält und statt des Balles einen zufällig
herumstehenden Baum tritt und sich anschließend
wundert warum erstens der Ball sich trotz des hefti-
gen Trittes nicht bewegt und sich zweitens, nach
mehrmaligem Treten, über den unerträglichen
Schmerz in den Füßen wundert. Aufgrund der ver-
späteten und schwer abschätzbaren Wirkung ist das
gemeinsame Haschischkakaotrinken in letzter Zeit
sehr aus der Mode gekommen. Stattdessen greift
man hier dann doch auf die gute alte Tüte zurück.
Für die Nichtwissenden: Als Tüte bezeichnet man
eine konisch (nicht komisch) geformte Zigarette, die
zusätzlich zum Tabak noch oben angesprochenes
Additiv – Haschisch – enthält. Diese Tüte wandert im
Kreis zwischen den Anwesenden hin und her und
jeder hat die Ehre, ein paar Mal ziehen zu dürfen,
muss dann aber weitergeben. Erstaunlich hierbei ist,
daß in diesen Momenten der dem Menschen angeborene Widerstand zu teilen völlig außer Funktion
gerät und selbst Leute, die normalerweise nicht mal
ihre Freundin mit ihren Kommilitonen teilen, die Tüte
nach zwei oder drei Mal ziehen ohne Murren weitergeben. Momentan wird von einer Gruppe Soziologen
in einem Selbstversuch erforscht, wie es zu diesem
Phänomen kommen kann. Zu Versuchszwecken
haben diese Soziologen sich in ein Haus eingesperrt

und mit genug Haschischvorräten für mehrere Wochen eingedeckt. Ergebnisse liegen noch nicht vor, es ist inzwischen nur bekannt geworden, daß der örtliche Pizzalieferant, der kurz vor der Pleite stand, inzwischen eine weitere Filiale eröffnet hat, die ausschließlich dieses Haus beliefert.

Bei einer Tüte ist übrigens der Herstellvorgang ein Ritual. Jeder hat dabei seine eigene Methode, eine Tüte zu drehen, und man tut gut daran, sich einen Stil anzugewöhnen und ebenfalls ein Ritual daraus zu entwickeln. Schließlich ist die Tüte das Merkmal, an dem man in diesen Kreisen gemessen wird. Wer eine gute Tüte baut, braucht nicht viel mehr Qualitäten haben, er kann sich sicher sein, immer zu einer dieser Haschisch-Happenings eingeladen zu werden. Er muß dann natürlich auch den ganzen Abend Tüten bauen, dafür braucht er aber auch kein eigenes Hasch dabei zu haben.
Interessant ist auch der sprachwissenschaftliche Aspekt, der durch den vorhergehenden Absatz schon ein wenig vorweggenommen wurde. Es heißt „Tüte bauen" und nicht „Tüte drehen". Warum dem so ist, darauf wissen die Sprachwissenschaftler bis heute keine Antwort, es wird aber vermutet, daß es mit der eben beschriebenen Wertigkeit des Individuums durch seine Tüte zu tun hat. Es ist also nicht eine rein mechanische Tätigkeit, die man ausübt, wie beim Zigarettendrehen, sondern eben eine Kunst, eine Handwerksarbeit, wie beim Hausbau und daher wahrscheinlich auch die sprachliche Verknüpfung. Eine Zigarette zu drehen dient der reinen Suchtbefriedigung und dem Wunsch nach gelben Fingern. Wenn man eine gute Tüte gebaut hat ist das etwas, auf das man stolz sein kann.

# Essen

Der Student an sich ernährt sich hauptsächlich von Pizza. Seine Hauptnahrungsquelle sucht er vermehrt in Telefonbüchern und Supermärkten. Bei ersterer Form der Nahrungsbeschaffung verläßt sich der gemeine Student auf einen jahrzehntelang ausgeklügelten und bewährten Mechanismus. Er wählt eine Telefonnummer und schafft es, nach kurzem Kampf, eine andere Abart des Homo sapiens, den sogenannten „Pizzataxifahrer" dazu zu bewegen, ihm die Nahrung zu bringen, im Austausch gegen ein paar mehr oder weniger wertlose Papierfetzen oder Metallstücke. Dieses Phänomen hat sich in der freien Natur in den letzten Jahren häufiger gezeigt und dazu geführt, daß sich die Spezies der Pizzataxifahrer stark vermehrt hat.

Ist die Pizza dann angekommen, wird sich meistens schnell darauf gestürzt, um die wenige Wärme, die die Thermotasche des Pizzataxifahrers nicht geschafft hat, aus der Pizza zu ziehen, noch einzufangen. Man sollte hinzufügen, daß bei solchen Gelegenheiten fast immer mehrere Studenten anwesend sind und zeitgleich der Fernseher läuft, weil man sich entweder ein Video zu Gemüte führt oder eine Sportübertragung stattfindet. Die Pizza wird sodann sitzend verzehrt, wobei nach jedem Bissen – oder nach jedem Stück – auf jeden Fall ein Schluck Bier getrunken werden muß. Beliebt ist auch, die Qualität der Pizza zu loben und als Auszeichnung den Flyer der zugehörigen Pizzeria ans schwarze Brett zu pinnen, auf daß er in Zukunft des öfteren benutzt werde. Leider kommt es auch immer wieder vor, daß die Qualität der Pizza nicht akzeptabel ist und daher der zugehörige Flyer öffentlich verbrannt wird mit dem gemeinsamen Schwur, diese Pizzeria nie wieder anzurufen und, wenn man besoffenen Kopfes an ihr vorbeikommen sollte, auf jeden Fall vor deren Türe zu pinkeln.

Abgeschlossen wird die Nahrungsaufnahme dann mit einem allgemeinen tiefer-in-den-Sessel-Rutschen und einem erneuten Griff zur Bierflasche.

Ein unter Studenten zunehmend in Vergessenheit geratenes Ritual involviert eine weitaus größere Mühe seitens des Studenten. Er begibt sich auf die Pirsch in ein Gebäude, in dem durchaus für ihn giftige Substanzen wie Seife oder Deodorant oder Gemüse gefunden werden können. Mit unglaublicher Zielstrebigkeit schafft der Student es allerdings dann, zur Quelle seines Begehrens vorzustoßen und sich auch hier die gewünschte Nahrung zu angeln. An dieser Stelle ist das Jagen jedoch noch nicht beendet. Es gilt, den weiteren Versuchungen zu widerstehen und sich zu einer Barriere durchzukämpfen, an der andere Homo sapiens versuchen, ihm die Beute wieder abzujagen, es sei denn, der Student kann auch diese mit Papierstücken und Metall bestechen.

Danach beginnt das eigentliche Ritual. Die Beute muß zunächst in einem Ort gelagert werden, in dem viele lebende Substanzen der Nahrung zunächst durch Gärung und Zufügen von Bakterien die für den Studenten so wichtigen Nährstoffe verleihen. Für den durchschnittlichen Studenten bedeutet dies, die Beute dort zu lagern, wo er die meiste Zeit seines Tages verbringt, da er so das Vorhandensein von Bakterien garantieren kann. Im Falle einer WG ist dies meist die Küche, bei den sogenannten „Wohnheimsstudenten" eher die Einzelzelle, in der er wohnhaft ist.

Erst nach einigen Stunden wird der Student die Beute in einem ebenso lebendigen Ort auf eine Temperatur erhitzen, die es ihm ermöglicht, das so wichtige Ziel der Selbstverbrennung der Zunge zuzufügen. Dabei ist es eine Gratwanderung, die Temperatur so geschickt hinzukriegen, daß eine Verbrennung der Zunge gewährleistet ist, andererseits aber die auf der Pizza lebenden Biokulturen nicht zerstört werden. Um die Zunge für weitere Rituale dieser Art zu bewahren, ist es wichtig, daß der Student nach einiger Wartezeit, in der die Zunge Zeit hat, die Verbrennung richtig aufzunehmen, etwas zur Abkühlung zu sich nimmt. Hier bietet sich natürlich Bier an, das eigentliche Hauptnahrungsmittel des Studenten.

Soviel zum Ritual der sogenannten „selbstverschuldeten Nahrungsaufnahme".

Nun gibt es natürlich noch andere Zeiten und Gelegenheiten zu denen Studenten Nahrung zu sich nehmen. Die Erste davon, chronologisch gesehen, ist das Frühstück. Bei den Wohnheimsstudenten besteht das Frühstück aus einer Tasse Kaffee und einem Toast, wenn's hoch kommt. Oft wird auch einfach darüber hinweggesehen und in der Mensa oder gar nicht gefrühstückt. Es gibt also nicht zu viel zu sagen.

Anders dagegen in den WGs. Dort kann das Frühstück, besonders an Wochenenden, schon mal den Großteil des Tages beanspruchten. Was in diesem Falle nicht nur an der Länge des Frühstücks, sondern auch an der Tatsache liegt, daß selbiges selten vor 14 Uhr beginnt. Eine kurze Chronologie eines WG Frühstücks:

12:30 Uhr

Nach einer langen Nacht wird der erste WG-Bewohner wach. Wie auf Kommando erheben sich auch die anderen Bewohner in kurzen Abständen, reiben sich den Schlaf aus den Augen, den Alkohol aus dem Blut und den Rauch aus dem Rachen.

13:58 Uhr

Nach kurzen Orientierungsphasen, die entweder im Bad oder in der Küche verbracht werden, kommt die einschneidende Idee: „Wie wär's mit Frühstücken?"

13:22 Uhr

Die Vorbereitungen laufen auf Hochtouren. Irgend jemand, entweder ein Freiwilliger oder ein undemokratisch von der Gruppe Bestimmter, wird losgeschickt zum Brötchenholen beim Bäcker um die Ecke. Auf dem Rückweg bringt er gleich die Tageszeitung mit. Der dedizierte Kaffeekochspezialist (von dieser Sorte gibt es in jeder WG einen, wobei die Rivalitätskämpfe untereinander um diesen begehrten Posten extrem hart und gefährlich sind) bereitet mit der nötigen Ruhe den Kaffee vor, und der Eierkocher (auch ein gefragter Posten in jeder WG) sorgt derweil für die warme Komponente des Frühstücks. Der oder die Übriggebliebenen erledigen in der Zwischenzeit die sekundären Arbeiten: Tisch decken, Aufschnitt aus dem Kühlschrank holen etc.

14:02 Uhr

Das Frühstück hat begonnen. Mit der angemessenen Hektik werden Kaffeetassen gefüllt, Brötchen verteilt, Eier geschält und Verpackungen geöffnet. Kurze Zeit später beginnt der Kampf um die Tageszeitung.

Hier gibt es drei Typen, die sich immer durchsetzen:

1. Der Stammesälteste. Einfach der, der die meisten Jahresringe unter den Augen hat. Muß nicht der Älteste im Sinne des Jahrgangs sein.

2. Der Selbstbewußteste. Klar. Logisch. Keine Frage.

3. Der „Womanizer". Er bekommt die Zeitung quasi zugeschmissen. Ein wortloses Kompliment seiner Reviergenossen, um ihm die nötige Ehrerbietung zukommen zu lassen. Er ist auch immer derjenige, der nur seine Tasse vom Tisch hebt und sofort möchte jeder der Anwesenden ihm Kaffee nachschenken.

Ca. 16:00 Uhr
Ende des Frühstücks. Langsam begeben sich die Mitbewohner in die Badezimmer, bzw. zum Warten auf die Freigabe eines Badezimmers in ihre Zimmer. In den Badezimmern wird dann das allwochenendliche Ritual der Reinigung (Überreste des Frühstückes bei den Resten der Zeitung von sich geben) und der Vorbereitung (alles eliminieren, was beim allabendlichen Flirten stören könnte, d.h. Gerüche oder Bartstoppeln) praktiziert.
Ca. 17.52 Uhr
Alle haben sich von ihren Vorbereitungen erholt und es wird sich entweder im Wohnzimmer getroffen (wenn Samstag ist – wegen Fußball) oder in der Küche (sonntags, zwecks Debatte, ob man noch einen Video holen soll oder ohne Fernsehen saufen soll).
Erst an dieser Stelle kann das eigentliche Ende des Frühstücks gesehen werden, da in diesem Moment das Abendessen eingeläutet wird. Hier gibt es meistens Pizza, wie das abläuft: s.o.
Aber auch durch die Woche leiden Studenten nicht unter Hunger, dafür haben in grauer Vorzeit irgendwelche schlauen Kerle die „Mensa" erfunden. „Mensa" heißt auf lateinisch „Schlechtes Essen" und kann im Neuhochdeutschen durchaus mit „Fast Food" übersetzt werden. Der Grund, warum Studenten hier essen und nicht bei kommerzialisierten Fast-Food-

Tempeln, ist einfach: Der Staat, dieses gefräßige Monster, hofft darauf, eines Tages einige dieser Studenten sein eigen zu machen und subventioniert daher das Essen in der Mensa, um den Gutgläubigen vorgaukeln zu können, sie würden auf ewig billiges Essen bekommen, wenn sie Vater Staat treu bleiben.

Für Zweifler: Ihr werdet ewig billiges Essen bekommen, aber zu welchem Preis: Sozial ausgestoßen, von der Wirtschaft ausgelacht und mit einer besseren Krankenversicherung ausgestattet als man sich je träumen lassen kann.

Mensen sind seit jeher extrem gefährlich. Der erste Blick auf die Speisekarte läßt ein Gourmetrestaurant vermuten: „Fritierte Forelle an Weißweinsauce mit pürierten Pommes des Terres und Broccolispitzen, als Nachtisch Mousse au Chocolat". Hört sich verführerisch an, nur „Backfisch mit Kartoffelpü und verkochten Broccoli mit einer undefinierbaren braunen, süßen Masse daneben" kommt der Wahrheit irgendwie näher. Leider ist man zu diesem Zeitpunkt den billigen Preisen und der sozialen Interaktion des Mensagebäudes bereits so verfallen, daß sich viele Studenten zusammenreißen müssen, um nicht am Sonntagmittag gegen 13.45 eine innere Unruhe zu bekommen, da es in der Mensa ab 14 Uhr normalerweise kein Mittagessen mehr gibt. Außer sonntags eben, aber Studenten sind oft noch blöder als Pawlowsche Hunde, wenn es um oft wiederholte Prozeduren geht. So ist schon von Studenten berichtet worden, die beim Blutspenden nach Studentenermäßigung gefragt haben.

# Fernsehen

Fernsehen. Die Droge des 20. Jahrhunderts. So ein Glück, daß wir mittlerweile im 21. Jahrhundert sind, nicht wahr? Na ja, nicht wirklich. Wenn man sich die Formate der Fernsehsendungen des aufgehenden 21. Jahrhunderts ansieht, gerät man dann doch über die Zukunft des Fernsehens – oder vielmehr über die Zukunft der Konsumenten dieses Fernsehens – ins Zweifeln. Zum Glück sind Studenten da ganz anders.

Wie bei vielen anderen Dingen, gibt es auch beim Fernsehen verschiedene Ausprägungen, was die Sippschaft der Studenten angeht.

Da wäre zunächst einmal die Sippschaft der TV-Ablehner. Sie haben gar keinen Fernseher und weigern sich standhaft, sich einen zuzulegen, aus Gründen, die sie selbst „Verwahrlosung des allgemeinen Bildungsniveaus" oder „Fast Food der Spaßkultur" nennen. Nun, diese Argumentation hat durchaus ihre Daseinsberechtigung. Ich werde sie trotzdem auseinandernehmen. Zunächst einmal ein simples „Argumentum ad hominem": Alles nur Gelaber. Leute, die so etwas behaupten, können sich einfach keinen Fernseher leisten. Setzt man diese Spezies dann doch vor eine Folge „GZSZ" oder „Verbotene Liebe", so werden sie innerhalb von kürzester Zeit zu Soap-Junkies und glühenden Verfechter des Fernsehens als die „Rettung der abendländischen Kultur in kalten Zeiten der Entsozialisierung".

Aber jetzt mal ein wenig ernsthafter diskutiert: Zur Bildungsdebatte: Es ist sicherlich richtig, daß, und da will ich mal einfach pauschalisieren dürfen, Formate wie „Big Brother" einfach schwachsinnig sind und zur Steigung des Bildungsniveaus in etwa so viel beitragen wie ein Big Mac zu einer ausgewogenen Karottendiät. Es wundert mich zwar, daß RTL II immer wieder damit prahlt, über die Hälfte seines Publikums seien Abiturienten oder Akademiker, andererseits darf man den deutschen Abiturienten jedoch nicht unbedingt ein hohes Bildungsniveau zusprechen. Was die Studenten betrifft, ist dieses Buch Beweis genug für die nicht vorhandene Bildung unter Deutschlands Elite. OK, ich gebe zu, ich war vielleicht etwas harsch. Andere Erklärung: Auch gebildete Leute wollen mal abschalten und nicht nachdenken müssen, und wo müßte man weniger nachdenken als auf RTL II?

Und wer will, kann über das Fernsehen sogar wirklich was lernen. Die Telekolleg-Reihe ist ein sehr gutes Beispiel dafür. Hier kann man nicht nur etwas lernen, man kann es sich sogar zertifizieren lassen (wobei Lernerfolg und Zertifikat in Deutschland in etwa das gleiche sind, denn nur was zertifiziert ist, gilt auch als wirklich gelernt).

Auch Sendungen wie Planetopia, Wunderbare Welt, etc. bieten in letzter Zeit – erstaunlicherweise sogar im Privatfernsehen – die Möglichkeit, sein Wissen zu erweitern. Man sieht, also, auch das Fernsehen hat seine guten Seiten, wenn es um die Bildung geht.

Die Argumente der angeblichen Entsozialisierung entpuppen sich ebenfalls sehr schnell als löchrig. Es mag stimmen, daß Kinder und Erwachsene, wenn sie ständig vor dem Fernseher hocken, weniger miteinander kommunizieren und das zum Verfall der Gesellschaft und einem sozial und kommunikativ behinderten Menschen führt. Aber andererseits braucht man das Fernsehen, um überhaupt mitreden zu können. Überall gibt es gewisse Kultserien oder

Kultfilme, die man kennen muß, denn wenn ein solcher Film oder eine solche Serie am Vorabend im Fernsehen lief, muß man sich zumindest mit den Kommilitonen unterhalten können. Und an dieser Stelle zählen nur Argumente wie: „Da war doch diese eine Szene, wo..." oder, falls man die Kultserie doch nicht gesehen hat, kann man auch ausweichen, aber nur wenn man andere Fernsehsendungen zu Hilfe ruft: „Ich mag Ally McBeal nicht, ich guck lieber Simpsons." Argumente wie: „Ich hab gestern lieber ein Buch gelesen" führen zu sofortiger sozialer Ausgegrenztheit. Und wieder ein Beweis dafür, daß wissenschaftliche Studien immer nur das beweisen, was der Auftraggeber gerne bewiesen hätte.

Bei Studenten kommen natürlich noch andere Faktoren ins Spiel. Studenten gucken zum Beispiel viel mehr Video. Und bei den täglichen oder wöchentlichen Serien trumpfen Studenten natürlich auf, weil sie die meiste Zeit haben. Ein guter Indikator, daß Studenten gerne auch die Soap Operas oder andere blödsinnige Serien gucken (wie Al Bundy oder Roseanne) ist immer die Werbung während einer solchen Sendung. Man neigt wahrscheinlich zu der Annahme, diese richte sich hauptsächlich an Schüler oder Hausfrauen. Weit gefehlt. Der Werbeblock zur Vorabendzeit besteht zu 90Prozent Prozent aus studentengerechten Produkte wie Pizza, Bier und billigem Waschmittel. Die übrigen 10 Prozent sind Produkte die Studenten gerne hätten, wie Luxus-Autos, Eigenheime oder Bügeleisen.

Womit dann der letzte Zweifel der Fernsehzweifler ausgeräumt sein sollte und eines der wehigen gültigen Argumente der Fernsehverfechter angebracht wird: Fernsehen regt den Konsum an und kurbelt somit zugleich die Wirtschaft an.

# Geld

Geld an dieser Stelle anzusprechen ist eigentlich völlig unpassend, weil wenn es eins gibt, das ein Student nicht hat, dann ist das Geld. Diese Tatsache ist vor allem auf die völlig ungenügende Ausbildungsförderung der Bundesrepublik Deutschland zurückzuführen, die immer noch auf antiquierten Vorstellungen beruht und die Lebensweise eines Studenten in der heutigen Zeit völlig unberücksichtigt läßt. So beträgt der Höchstsatz beim BAföG zur Zeit etwa 1000 DM, eine Summe, die ein durchschnittlicher Student spätestens nach einer Woche verpulvert hat und dabei ist noch nicht einmal die Miete miteingeschlossen!

Viele Studenten sind daher gezwungen, mehr oder weniger würdevollen Nebenjobs nachzugehen. Dies hat den Vorteil, daß man diese Nebenjobs nach dem Studium gut in seinen Lebenslauf integrieren kann. Personalchefs sind immer wieder beeindruckt, wenn sie Sachen hören wie „Tragende Rolle in einem Dienstleistungsunternehmen" (Kellner) oder „Organisation und Implementierung von logistischen Konzepten" (Pizzataxi).

Der Nachteil allerdings ist der, daß man während der Zeit, in der man arbeitet, das Geld, das man während dieser Zeit verdient, nicht ausgeben kann. Das ist für viele Studenten der Hauptgrund, mit hrem Nebenjob unzufrieden zu sein. Gut haben's da noch die Barkeeper, die können wenigstens einer der Lieblingsbeschäftigungen der Studenten während der Arbeit frönen, dem Saufen. Jedoch sind auch sie in gewissem Maße unzufrieden, da Studenten von

Natur aus ehrliche Menschen sind und für ihr Bier auch ganz gerne bezahlen würden.

Nun, alle diese Fakten sorgen letztendlich dafür, daß Otto Normalstudent zumindest nominal harte Währung zur Verfügung hat. Zumindest bis 2002, dann ist selbst das nicht mehr gewährleistet. Wie gesagt, ist dies jedoch allenfalls nominal. Zunächst einmal geht ein Großteil dieses Geldes für die Miete drauf, die in vielen Studentenstädten, selbst denen, die nicht groß genug sind, sich Großstadt schimpfen zu dürfen, bei ca. 300 Mark mindestens liegt. Pro Quadratmeter versteht sich. Dies ist übrigens der Grund dafür, daß die meisten Studenten in den so berühmt-berüchtigten „Buden" leben, Wohnungen oder gar Zimmer kann sich nämlich niemand leisten. (Psychologisch führt dies auch dazu, daß viele Studenten in ihrem späteren Leben als diplomierter Taxifahrer von großen Villen träumen oder diese sogar bauen, wenn es ihnen gelungen sein sollte, einen richtigen Job zu bekommen.) Geht man davon aus, ist von dem hart verdienten Geld nur noch ein Bruchteil übrig, der meistens für die üblichen studentischen Freizeitbeschäftigungen draufgeht, sprich Alkohol, Sex, Drogen und Kaffee. Der verschwindend kleine Rest wird dann in Tiefkühlpizza, Nudeln und Döner investiert. Falls die etwas konservativen Leser unter Ihnen sich jemals gefragt haben, ob Ihre studierenden Kinder niemals zum Friseur gehen, dann haben Sie recht, sie tun es tatsächlich nicht, und zwar hauptsächlich aus Geldmangel. Also appelliere ich im Namen aller Studenten: Geben Sie Ihren Kindern etwas mehr Geld, um wenigstens die Grundbedürfnisse befriedigen zu können. Wenn Sie zu diesem Zwecke etwas von Ihrem Lebensstil aufgeben müssen, machen Sie sich keine Sorgen, das soll so sein!

Nun soll das vorliegende Dokument ja ein Handbuch für Studenten sein und daher, nach diesem kurzen Vorgeplänkel, ein paar Tips, wie man an Geld kommen kann. Ich möchte jedoch zuvor bemerken, daß einige dieser Tips völlig illegal sind, andere moralisch fragwürdig, die meisten sind beides.

1. Man kann sich die Mühe machen und zu jeder Vorlesung gehen, vorbereiten, nachbereiten, lesen, mitschreiben, in den Computer übertragen, all dies zu säuberlich gefertigten Manuskripten falten und dann den Kommilitonen zu horrenden Preisen verkaufen. Hat den Nachteil, daß man dann zwar Geld hat, es aber nicht mehr ausgeben kann, und das machen wir ja alle erst, wenn wir irgendwann Spießbürger mit Vorgarten und Mercedes in der Garage geworden sind, nicht wahr?

2. Man kann in befreundete Nachbarländer fahren, dort verschreibungspflichtige Substanzen in großen Mengen billig einkaufen und in kleinen Mengen, ebenfalls zu horrenden Preisen, wieder verkaufen. Hat den Nachteil, daß es hier bereits eine Studentenverbindung gibt, die diese Art von Handel organisiert und die sehr böse wird, wenn man ihr ins Gehege kommt. Ich glaube der Name war italienisch und hatte irgendwas mit „Meiner Hütte" zu tun, aber so genau weiß ich das nicht. Zudem gibt es noch diese Leute in froschgrünen Uniformen, die einen ab und zu anhalten und die Beute abjagen, um sie dann selber zu verkaufen oder zu konsumieren.

3. Eine Bank überfallen. Das ist eine der besseren Ideen, da man mit fast 100prozentiger Sicherheit nicht erkannt wird. Welcher Student war auch jemals schon in einer Bank, wofür auch?

Zudem ist diese Aktion moralisch völlig integer, da man ja seinen Kommilitonen in keinem Fall Schaden zufügt.

4. Oben genannte Studentenverbindung bietet manchmal gut bezahlte Nebenjobs an, mit Stundenlöhnen von bis zu 1000 Mark! Allerdings sehr risikoreich, man hat schon von Studenten gehört, die dieser Studentenverbindung beigetreten sind und nach einigen Jahren stinkreich geworden sind. Pfui Spinne!

5. Die Eltern anpumpen. Wahrscheinlich der einfachste Tip in dieser Liste, zudem weder illegal noch moralisch fragwürdig. Bei größeren Summen auf jeden Fall sicherstellen, daß man die Eltern direkt nach Ende des Studiums entweder in ein Altersheim stecken kann oder für unzurechnungsfähig erklärt, um etwaige Forderungen ausschließen zu können.

6. Parties organisieren. Ganz einfach, irgendwo ein abgehalftertes Jugendheim finden, das man für umsonst mieten kann, sich ein paar Kommilitonen schnappen, deren Beziehungen ausnutzen, um Plakate, Werbung, Getränke, Musik etc. zu organisieren, auf die Plakate schreiben „15 DM, frei saufen" und, wichtig (!), dafür sorgen, daß spätestens um 23 Uhr, also dann, wenn die meisten Gäste kommen, das Bier alle ist. Sehr beliebte Art, um schnell Geld zu machen, Leider kann man dies nur einmal pro Semester machen, erst im folgenden Semester gibt es wieder einige Erstsemester, die auf diesen Trick reinfallen.

7. Sich eine Dartscheibe anschaffen, wie ein Besessener trainieren, sich die Dart-WM anschauen, sicher gehen, daß man besser ist als die Leute da, in einen irischen Pub gehen, besoffen

spielen, die anwesenden Engländer zu drei Spielen rausfordern, die ersten beiden verlieren, dann „double or nothing", gewinnen, und schnell aus dem Pub raus, bevor die Engländer merken, daß sie verarscht worden sind. (Der Tip stammt aus dem Film „Die Farbe des Geldes" und läßt sich mit allen Kneipensportarten durchführen. Außer Tennis).

Soviel zum praktischem Teil. Nachzureichen seien noch die obligatorischen Bemerkungen: „Nicht zuhause ausprobieren" und „Zu Risiken und Nebenwirkungen lesen sie die AGBs und wenden sich ansonsten an Ihren Buchhändler oder Freund, der Ihnen dies geliehen hat". Der Autor dieses Dokumentes weist jedwede Verantwortung weit von sich und beschuldigt wahrscheinlich den Ghostwriter, der nie existiert hat, oder seine Mutter!

# Kaffee

Ein absolut wichtiger Bestandteil eines jeden Studentenlebens ist Kaffee. Dabei muß man das Wort Kaffee jedoch in seine beiden Bedeutungen einteilen. Da wäre zunächst einmal die ursprüngliche Bedeutung des Wortes: die Kaffeebohne und die daraus gewonnenen Produkte.

Kaffee in dieser, seiner reinen Bedeutung, ist sicherlich für jeden Studenten hilfreich. Da Studenten ja von Natur aus Probleme haben, sich morgens aus dem Bett zu quälen, erfüllt der Kaffee schon am frühen Morgen die Funktion, die ihn in Europa so außerordentlich beliebt gemacht hat: Er weckt auf – wobei diese Formulierung nicht impliziert, daß aufgeweckte Menschen keinen Kaffee brauchen. Im Gegenteil. Untersuchungen haben gezeigt, daß eine gewisse Menge Kaffee am Tag gesund ist in der Hinsicht, daß Kaffee das Konzentrationsvermögen steigert und den Kreislauf in Schwung bringt. Gleiches wird zwar auch, so sagt man, durch zwei bis drei leichte Schläge auf den Hinterkopf erreicht, allerdings muß ich zumindest für meine Person gestehen, daß ich lieber beim Kaffee bleibe.

Kaffee löst in seiner Funktion als Muntermacher übrigens den Alkohol ab, der bis zum Entdecken der Kaffeebohne (der Legende nach sollen übrigens Mönche die aufputschende Wirkung der Kaffeebohne entdeckt haben; dieser Legende kann man allerdings etwa soviel Glauben schenken wie der Titelseite der „Bild-Zeitung) der favorisierte Wachmacher, besonders der Germanen, war. Aber das ist eine andere Geschichte und soll ein anderes Mal erzählt werden.

Heutzutage kann man an Kaffee leider oder zum Glück, je nach Standpunkt, nicht mehr vorbeikommen. Besonders in häßlichen, großen, meist grauen Gebäuden grassiert nach Augenzeugenberichten eine wahre Kaffeesucht, und da Studenten im allgemeinen in ihren kleinen Höhlen und großen Vorlesungssälen hocken, um sich auf ihre Zeit in solchen Gebäuden vorzubereiten, ist es wichtig für Studenten, den Kaffee und seine magische Wirkung auf die Menschen zu verstehen und zu praktizieren.

Zunächst einmal der Morgenkaffee. Viele Menschen sind in den ersten Minuten nach dem Aufstehen unansprechbar und müssen zunächst ihre Koffeinsucht befriedigen, um den Tag vernünftig starten zu können. Leider sind diese Süchtigen in der Drogenstatistik des Bundesamtes für Statistik nicht aufgenommen, obwohl sie strenggenommen alle Symptome eines Süchtigen erfüllen. Die gute Nachricht ist, daß eine der am stärksten gefährdeten Risikogruppen, Journalisten nämlich, langsam auch diese Gruppe der Drogensüchtigen ans Licht der Öffentlichkeit zerrt.

Nachdem die meisten Menschen also mit einer mehr oder wenige starken Dosis Kaffee in den Tag gestartet sind, sind sie dafür gerüstet, den Rest des Tages mit der Droge zu leben. Bei vielen läuft der Kaffeekonsum bereits unterbewußt ab, der Gang zur Kaffeemaschine ist quasi automatisiert, eine Tatsache, zu der auch die Kaffeemaschinenhersteller nicht unwesentlich beigetragen haben, indem sie in den letzten Jahrzehnten Maschinen entwickelten, die die Zubereitung von Kaffee immer einfacher und schneller gemacht haben. Seitens Experten wird übrigens vermutet, daß einige Maschinenhersteller eng mit den einschlägigen Kaffeedealern zusammenarbeiten, eine Tatsache, die dadurch gestützt wird, daß in vielen der gefürchteten Kaffeeshops (nicht Coffeeshops!) Maschinen zur Zubereitung verkauft werden. Ein weiterer Trick, mit dem die Kaffeedealer versuchen, ihre ahnungslosen Opfer in ihr Geschäft zu locken, ist übrigens das Vortäuschen eines Gemischtwarenladens, in den die Kunden dann durch angebliche Sonderangebote verführt werden. Kauft nur, Ihr Unglücklichen! Die Macht der Kaffeebohne wird euch ihre Rechnung noch früh genug präsentieren!

Aber ich schweife wieder mal ab. Nun, die Menschen, bei denen der Kaffeekonsum, wie bereits erwähnt, unbewußt abläuft, sind, so leid es mir tut, wohl nicht mehr zu retten.

Ungleich besser dran sind die Leute, die eine gute Tasse Kaffee bewußt konsumieren, ja, die Schluck für Schluck schon fast zelebrieren! Kaffee ist, trotz seiner vielen Nachteile, eines der bemerkenswertesten Produkte, die Mutter Natur für den Menschen bereitgestellt hat. Obwohl auch hier der Mensch in den meisten Fällen viel reinpfuscht und das ursprüngliche Produkt oft bis zur Unkenntlichkeit verfälscht. Wer einmal in einem bekannten amerikanischen Fastfood Restaurant einen Kaffee bestellt hat, weiß, wovon ich spreche. Dagegen ist ein guter und vor allem gut zubereiteter Kaffee das A und O eines wahrhaft außergewöhnlichen Kaffeegenußes!

Leider sind richtig gute Kaffeesorten in hiesigen Breiten oft nur sehr schwer zu bekommen und außerdem zumeist für ein Studentenbudget unerschwinglich. Aber jeder Student kann zumindest annäherungsweise an die Zubereitung eines guten Kaffees herankommen. Dabei sollte man auf jeden Fall Abstand nehmen von den handelsüblichen Filterkaffeemaschinen, die, wie der Name schon sagt, den Geschmack der Kaffeebohne herausfiltern und nur ein verkalktes, braunes, aber immer noch annehmbares Gesöff produzieren.

Will man jedoch ein Getränk hervorbringen, mit dem man selbst billigen Eduscho-Kaffee in eine einigermaßen akzeptable Tasse Kaffee verwandeln kann, sollte man auf die gute alte Handkaffeemaschine zurückgreifen. Die ist halb so teuer und das Endprodukt schmeckt mindestens doppelt so gut. Idealerweise sollte man zudem noch einen Wasserfilter verwenden, aber hier gilt, wie bei so vielen Dingen, man kann es auch übertreiben.

Hat man den Kaffee dann einmal richtig zubereitet, geht es an den Konsum. Persönlich halte ich nicht viel von den üblichen Kaffeetassen, in deren Henkel man sich sowieso nur immer den Finger einklemmt, was durchaus schmerzhaft sein kann. Ich bevorzuge die großen Bechertassen, in denen man sich quasi verlieren kann. Von mir aus könnten auch die bayrischen Maßkrüge für Kaffee verwendet werden, leider müßte man da einen Großteil des Kaffees wegschütten, da dieser sonst kalt werden würde, und es beinah nichts schrecklicheres unter dem Himmel gibt als kaltgewordener Kaffee. Wenn schon kalter Kaffee, dann solcher, der schnell kaltgeworden ist - übrigens nennt man diese Abart des Kaffees mit Eis und Sahne verziert auch Eiskaffee, ein ausgezeichnetes Mittel zur Abkühlung an heißen Sommertagen.

Auch die leidige Frage, ob weiß, schwarz, mit oder ohne Zucker ist beim Genuß des Kaffees von großem Belang und einige Leute sagen sogar: „Zeig mir deinen Kaffee, und ich zeige dir, was für ein Mensch du bist." Obwohl ich diese Meinung generell nicht teilen kann, sind doch schon signifikante Unterschiede bei den Kaffeetrinkgewohnheiten zu bemerken. Diese lassen sich nämlich keinesfalls in die

o.g. vier Spielarten einteilen. Nehmen wir beispielsweise die Gruppe von Leuten, die den Kaffee nur mit
Milch trinken. Da kann man zunächst bei der Menge
der Milch unterscheiden. Einige bevorzugen nur
Tropfen, um dem Kaffee seine schöne, braune
Farbe zu geben, während andere eigentlich keinen
Kaffee mit Milch, sondern eher Milch mit Kaffee zu
sich nehmen – eine Spielart, die in Frankreich als
Café au lait bekannt ist. Dann wird unterschieden bei
der Art der Milch. Einige (um genau zu sein die,
denen es nur darum geht, den Kaffee braun zu
färben) geben sich auch mit Kaffeeweißer zufrieden,
ein weitgehend geschmackloses, künstliches Pulver.
Sehr beliebt ist natürlich die augenscheinlich nur
dafür geschaffene Kaffeemilch (die übrigens, so
wurde mir als Kind weisgemacht, von den schwarzen Kühen kommt, die Braunen geben Kakao. Wo
die wahre Milch herkommt, habe ich bis heute nicht
erfahren). Diese sehr fette Milch kann ich jedoch
nicht empfehlen. Ich bevorzuge es, den Kaffee mit
frischer Vollmilch zu trinken, aber da sollte jeder
seinen eigenen Geschmack finden. Dies nur als
kleines Beispiel dafür, wie verschieden Kaffee konsumiert werden kann.

Eine weitere wichtige Frage, die in diesem Zusammenhang geklärt werden muß, ist, wann Kaffee am
besten konsumiert werden sollte. Nun, da gibt es
keinerlei Richtlinien, nur Anhaltspunkte. Zunächst ist
für viele der Kaffee am Morgen obligatorisch. Auch
nach dem Mittagessen wird oft der Leidenschaft des
Kaffeekonsums gefrönt, obwohl man dann nach
wissenschaftlichen Erkenntnissen besser eine kurze
Siesta halten sollte, eine Sitte, die sich in den westli-
chen Ländern zu meinem Bedauern noch nicht
durchgesetzt hat.

Des Abends zeigen sich die meisten Menschen dann übrigens von der Seite, die seit Jahrhunderten daran gewöhnt ist, Alkohol als Aufputschmittel zu verwenden und verfallen oft, besonders am Wochenende, wieder in die Sitte, Alkohol durch Kaffee zu ersetzen. Diese Tatsache läßt sich aber auch dadurch erklären, daß Kaffee nur wachmacht, während bestimmte Arten des Alkohols auch in gewisser Weise einschläfernd wirken und zudem in einer Weise auf das vegetative Nervensystem wirken, die vielen Leuten anscheinend nicht einmal unangenehm ist – das heißt zumindest im Augenblick des Verzehrs nicht, meist allerdings am Morgen danach.

Da Studenten leider selten über einen regelmäßigen Tagesablauf verfügen, muß ein Student, der Kaffee zu sich zu nehmen gedenkt, auf andere Zeiten zurückgreifen. Generell gilt, daß ein guter Zeitpunkt das Frühstück ist. Nicht anzuraten ist jedoch, kurz vor einer Vorlesung Kaffee zu sich zu nehmen, da man dann Gefahr läuft, in der Vorlesung wach zu bleiben, undenkbar angesichts der Tatsache, daß Vorlesungen oft die einzige Quelle von Schlaf sind, die man als Student noch hat.

Darum kann man Kaffee auch sehr gut nach den Vorlesungen konsumieren, was im übrigen auch sehr beliebt ist, um soziale Kontakte zu erfüllen. Dieser Zweck stellt übrigens die zweite, große Bedeutung des Wortes Kaffee dar, aber dazu später.

Ein Fehler, vor dem gewarnt werden muß, ist, Kaffee am Tage nach übergroßem Alkoholkonsum zu sich zu nehmen, da diese beiden Substanzen sich schon aus purer Feindseligkeit zueinander  nicht sehr gut miteinander vertragen.

Eine große Hilfe kann der Kaffee in der bei den meisten Studenten nur sehr kurzen „Lernphase" sein. Zu dieser Zeit sollen schon Studenten beobachtet worden sein, die sich mittels Kaffee eine ganz Nacht wachgehalten haben, um sich für die bevorstehenden Prüfungen eine Menge dummes Zeug in den Kopf zu hämmern.

Allerdings zeigt sich besonders hier der Kaffee von seiner zerstörenden Seite. Oft, besonders in WGs oder bei nahe beieinander wohnenden Kommilitonen, lockt er nämlich seine nichtsahnenden Opfer in seine Nähe, um dann mit seiner todbringenden Portion Koffein nicht das Lernen zu fördern, sondern zu behindern! Einzelheiten hierzu auch wiederum im nächsten Kapitel.

Ein gutgemeinter Ratschlag an diejenigen Studenten, die in Kürze die Uni verlassen werden und sich in die große, graue, trostlose Welt da draußen aufmachen: Kaffee wird euch an allen Ecken auflauern! Sei es der Morgenkaffee im Büro, der Nachmittagskaffee im Meeting oder der „das-mach-ich-heut-noch-fertig-Kaffee" in den Überstunden. Man verfällt leicht in die Angewohnheit, eine außergewöhnlich hohe Menge an Kaffee über den Tag verteilt zu sich zu nehmen, eine Angewohnheit, die einem entweder der Magen oder der Schlaf sehr übel nehmen können.

Bei Kaffee ist es jedoch wie bei den meisten Drogen, seien sie nun legal oder illegal: Hat man erst einmal die Hinterhältigkeit und die Tricks erkannt, mit denen sie arbeiten, sind sie relativ gut unter Kontrolle zu bekommen. Oder, wie der Volksmund so treffend sagt: Gefahr erkannt, Gefahr gebannt. Und nun muß ich mich entschuldigen, ich muß noch Milch für meinen Espresso aufschäumen.

# Kaffee – die soziale Komponente

Kaffee hat sich im deutschen Sprachgebrauch nach langjährigem Kampf gegen seinen englischen Konkurrenten Tee inzwischen mit zwei Bedeutungen etabliert. Da ist zunächst mal die oben angesprochene, ursprüngliche Bedeutung des Wortes und die, auf die nun hier näher eingegangen werden soll: das geflügelte Wort „einen Kaffee trinken" oder auch „Kaffee und Kuchen" oder „zum Kaffee".

Zur Bedeutung selbst: Meist wird das Wort verstanden als eine Anhäufung verschiedener, meist einander bekannter Leute zur nachmittäglichen Kleinstmahlzeit.

Diese Sitte konnte sich jedoch in der breiten Masse der Bevölkerung – und damit dem Teil, der verantwortlich ist für die Verallgemeinerung einer Phrase – erst in der Zeit nach dem Wirtschaftswunder durchsetzen. Hauptgründe hierfür waren, daß man vorher entweder kein Geld oder keine Zeit hatte, um den Nachmittag damit zu verplempern, seine wenigen, kostbaren Nahrungsmittel zu verzehren. Lediglich die reicheren und wohlhabenderen Leute konnten sich diese Sitte schon seit längerem leisten. Dabei hat sich die Phrase „Kaffee trinken" und nicht „Tee trinken" schon sehr früh durchgesetzt, da Tee eigentlich nur deswegen in England so verbreitet war, da in den englischen Kronkolonien nun mal Tee besser wuchs als Kaffee. Im Rest Europas wurde der Kaffee dagegen schon länger bevorzugt.

Nun, zurück auf den Kontinent. Hier konnte sich auch der berühmt-berüchtigte und von vielen Marktforschungsinstituten immer verzweifelter gesuchte Otto Normalverbraucher das braune Getränk leisten. Und da es zunächst als Luxus galt, ebenso wie beim auch erst mit dem Luxus so richtig erfolgreich gewordene Kuchen, Kaffee zu verzehren, traf man sich, zunächst meist an Sonntagnachmittagen, später auch samstags und schließlich sogar freitags, zu „Kaffee und Kuchen". So ging es einige Zeit, und da Kaffee immer noch nicht richtig billig war, blieb dieses „Kaffee und Kuchen" auch irgendwelchen Verwandtschaftsfeiern vorbehalten, zumindest in dieser Kombination. Sowohl Kaffee als auch Kuchen wurden zwar zu anderen Tageszeiten gesichtet, wobei Kaffee noch häufiger anzutreffen war als Kuchen, aber diese Kombination stellte zumindest den Anfang der Verallgemeinerung des Kaffeebegriffes dar.

Nachdem der Kaffee sich langsam auch sprachlich aus dem Schatten des Kuchens herausgelöst hatte, begann er weiter, seine sprachliche Verallgemeinerung zu einer Säule des gesellschaftlichen Lebens zu machen.

So trank man bald nicht nur sonntags Kaffee, man ging auch „Kaffee trinken", wenn man sich mit Bekannten irgendwo nachmittags traf, oder wenn man mal eine kurze Pause im Büro einlegen wollte.

Inzwischen geht diese Sitte sogar so weit, daß man keine „Termine" oder „Meetings" mehr hat, sondern häufig nur noch „eine Tasse Kaffee trinken" geht. Durch diese schwammige Bedeutung wird es natürlich besonders für Vorgesetze oft schwer, den wahren Beweggrund der Abwesenheitsperioden ihrer Angestellten zu erraten, so daß gerüchteweise die Abschaffung dieser Redensart zuerst auch in die neue Rechtschreibreform eingebracht werden sollte. Ein Vorschlag, der sich aber nicht durchsetzen konnte, da im Arbeitsausschuß für die Rechtschreibreform hauptsächlich Untergebene saßen, keine Vorgesetzten.

Die Frage ist jetzt nur, warum Kaffee und nicht Kakao oder Saft. Das ist eine gute Frage, liegt aber wahrscheinlich in der schon im Eingangskapitel erwähnten Fähigkeit des Kaffees, wachzuhalten, was weder Saft noch Kakao so gut gelingt. Hätte es Cola schon vor dreihundert Jahren gegeben bzw. wäre eine Cola Marke so leicht mit einer anderen zu substituieren wie es bei Kaffee der Fall ist, vielleicht würden Familienfeste heute bei Cola und Salzstangen stattfinden und man würde diesen Ausdruck nicht mit vorpubertären Geburtstagsparties verbinden (oder mit Bauchschmerzen). Was natürlich nicht heißen soll, daß man beim „Kaffee trinken" dazu gezwungen ist, Kaffee zu trinken, im Gegenteil. Gerade Kinder kennen den Begriff „Kaffee und Kuchen" schon aus frühester Kindheit, obwohl man den Kaffee selbst wahrscheinlich erst wesentlich später zu Geschmack bekommen hat und sich vorher entweder mit Kakao oder heißer Milch begnügen muß.

Für einen Studenten ist das „Kaffee trinken" im Normalfall eine Zeitbeschäftigung, die bis zu 50 Prozent der gesamten Studienzeit ausmachen kann und ausmachen sollte. Es dient sowohl der Pflege sozialer Kontakte als auch der Beschaffung wichtiger Informationen, die man durch häufiges Fehlen bei Vorlesungen oder Seminaren verpaßt hat. Ein deutliches Indiz dafür ist auch, daß in den sogenannten Studentenstädten die Caféhäufigkeit pro Einwohner besonders hoch ist.

Aber auch hier gilt es einige Sachen zu beachten, bzw. sind einige Informationen für den Fall der Fälle durchaus hilfreich.

Kaffee trinken eignet sich besonders für die Zeit nach den Vorlesungen. Der Grund dafür ist, daß viele Kommilitonen vor den Vorlesungen nur wenig

Zeit haben, weil sie gerade aufgestanden sind und aus dem Bett quasi direkt in den Hörsaal gefallen sind, um dort weiterzupennen. Während der Vorlesung wirkt leider die Tatsache sehr störend, daß man sich selten gegenüber sitzt und außerdem vorne immer so ein Schnösel irgend etwas erzählt, was zwar eigentlich keinen interessiert, ihm aber nichts auszumachen scheint, und er sich meistens auch in seinem Redefluß nur ungern stören läßt. Nach den Vorlesungen ist außerdem deswegen als Zeitpunkt gut geeignet, weil dann viele Studenten das Bedürfnis verspüren, den Tag nun endlich beginnen zu lassen und sich von den oft anstrengenden, weil ungemütlichen Stunden Schlaf in der Vorlesung erholen müssen. Und da die Vorlesungen in diesem Lande meistens vor Einbruch der Dunkelheit beendet sind, bietet sich Kaffee in den meisten Fällen eher an als Alkohol.

Beim Kaffee trinken kann man dann auf die wirklich wichtigen Dinge in dieser Welt zu sprechen kommen, was bei Jungs übrigens meistens der letzte oder folgende Spieltag der Fußball-Bundesliga ist und bei Mädchen entweder Schwärmereien über den einen oder anderen Star des letzten Kinofilms oder Lästereien über Kommilitoninnen sind. Natürlich eignet sich Kaffee ebenfalls hervorragend für unwichtige und unnütze Diskussionen über den Sinn des Lebens, Weltanschauungen, oder die nächste Wahl und die allgemeine politische Stimmung in diesem Lande. Jedoch sollte man bei der Wahl solcher Themen sicher sein, daß der Gegenüber zumindest eine ähnliche Anschauung hat wie man selbst, sonst läuft man Gefahr, aus der Welt des Kaffees nahtlos in die Welt des Alkohols und in den frühen Morgenstunden wieder zurück zu gleiten.

Eine beliebte Abart solcher Konversationen ist der sogenannte „Kaffeeklatsch". Was nichts weiter bedeutet, als die organisierte Form dieser Lästereien, die jedoch meistens von älteren Damen geführt werden, obwohl sich gerüchteweise auch schon mal ein schwuler Mann in solche Kreise verirrt haben soll.

Generell gilt übrigens, wie oben bereits erwähnt, daß „Kaffee trinken" meistens mit Leuten stattfindet, die man schon kennt. Eine weitere Variante ist aber auch die, daß man die Leute, mit denen man Kaffee trinkt, kennenlernen will. Dabei kann man sich in den meisten Fällen gewiß sein, daß jemand, den man noch nicht kennt, aber kennenlernen möchte, den man zu einem Kaffee eingeladen hat und der auch noch zusagt, zumindest auch nicht abgeneigt ist, einen kennenzulernen. Lange Rede, kurzer Sinn, ein gemeinsam verzehrter Kaffee ist schon die halbe Miete für eine erfolgreiche Partnerschaft, sei es nun auf studentischer oder privater Basis.

Wobei auch hier der Kaffeeverzehr nicht zwingend ist, lediglich die Namengebung des Treffens ist es, die zählt.

Treffen dieser Art laufen dann so oder so ähnlich ab:

Vor dem Treffen, in der Vorlesung.
Er (nachdem er sie zuvor über eine Stunde lang ungehemmt angegafft hat): „Ähm, 'Tschuldigung, aber, ähm, hast du zufällig die Kopien von der letzten Vorlesung, ich hab meine wohl vergessen" (während er verzweifelt versucht, die Kopien unter seine Zeitschrift zu schieben).
Sie: „Nein, habe ich nicht" (steht auf und geht)
Er (denkt): ‚Na super. Toller Job.'

Sie2 (saß die ganze Zeit neben ihm und hat ihn angegafft): „Ich hab sie, wenn du willst, erkläre ich sie dir nach der Vorlesung bei einem Kaffee…"

Er (mustert sie und merkt, daß Sie2 noch hübscher ist als Sie1): „Klar, warum nicht."

Beim Kaffee, keiner hat irgendwelche Unterlagen dabei.

Er: „…"

Sie: „…"

Er darauf: „…"

Sie erwidert: „…"

Nach einer Stunde und zwei Milchkaffees:

Er: „Wie wär's mit Kino? Der neue … (wir wollen doch hier keine filmischen Präferenzen verraten) läuft heute an."

Sie: „Klar, holst Du mich ab?"

Er: „Klar"

Man sieht hier sehr eindeutig, wie der Kaffee zur eindeutigen Maskierung lauterer Absichten mißbraucht wird. Wie's weitergeht mit unseren beiden Turteltauben ist eine andere Geschichte.[1]

Man sieht also, ohne das Kaffeetrinken würde es wohl unsere Gesellschaft, wie wir sie heute kennen, nicht geben. Bekannte „Quod sid demonstrandum"-Wissenschaftler (das sind die, die sich überlegen „Was wäre wenn"), haben nachgewiesen, daß ohne den Kaffee 1. die Türken nie vor Wien gestanden hätten (was OK gewesen wäre, sie haben sowieso verloren) 2. die Spezies der „Studenten" inzwischen ausgestorben wäre (was schade wäre) und 3. der Milchkaffee nie erfunden worden wäre (was auch schade wäre). Leider basierte der Beweis auf einem

---

[1] siehe Kapitel „Sex"

Eigenversuch seitens der Wissenschaftler, begonnen im Jahre 1842, als die Wissenschaftler beschlossen, keinen Kaffee mehr zu trinken. Sie wollten die sozialen Folgen dieses Experiments erforschen mit dem Erfolg, daß eben diese Spezies nun leider ausgestorben ist und die Lehrstühle für diese feine Wissenschaft nach und nach geschlossen werden mußten. Erst in den letzten Jahren beginnt man, diese Wissenschaft wiederzubeleben. Leider waren die Wissenschaftler damals der Meinung, ihre Forschungen seien viel zu gefährlich, um sie aufzuschreiben, so daß die heutigen Vertreter wieder von Null anfangen müssen. Gerüchte besagen, daß die ersten gerade wieder einen ähnlichen Versuch vorbereiten, so daß es ratsam ist, in der nächsten Zeit einen QSD (so die Kurzform) Professor auszusuchen, sollte man noch irgendwas über seine eigene Zukunft erfahren wollen. Zurück zum Kaffee.

Andere, namhaftere Wissenschaftler, deren Zunft sogar noch existiert, die Verhaltensforscher, bieten eine andere Erklärung an: Die Notwendigkeit, vor dem eigentlichen Balzritual einen Kaffee trinken zu gehen, entspring aus der Tatsache, daß man sich a. ein wenig aufputschen möchte (daher der Kaffee) und b. aber nicht peinlich wirken möchte, wie es bei übermäßigem Alkoholkonsum eventuell der Fall sein könnte (daher der Kaffee).

Was lernen wir als Durchschnittsstudenten aus diesem hochwissenschaftlichen Bericht: Wer beim „Kaffeetrinken gehen" keinen Kaffee trinkt ist entweder nicht interessiert oder dem gegenübersitzenden, andersgeschlechtlichem Menschen abgeneigt. Oder auch nicht.

# Kino

Die deutsche Filmindustrie, ja die weltweite Filmindustrie lebt garantiert nicht von Studenten. Grund
ist natürlich der berühmt-berüchtigte Geldmangel der
Studenten. Dieser treibt sie dazu, nur an Montagen
und Dienstagen ins Kino zu gehen, weil dann in den
meisten Städten Kinotag ist. Übrigens kann man
eine Studentenstadt (Definition: Eine Stadt, die so
klein ist, daß die gesammelte Studentenschaft einen
zweistelligen Prozentsatz der Einwohner ausmacht)
ganz einfach daran erkennen, daß in den Kinos
Studentenermäßigung gewährt wird. Größere Städte
haben das nicht nötig.

Obwohl Studenten, wie gesagt, nur dann ins Kino
gehen, wenn der Preis es hergibt – und dann noch
die Unverschämtheit besitzen und ihr eigenes Bier
mitbringen – freut sich die Filmindustrie trotzdem
über deren Erscheinen. Studenten sind nämlich
erstens meinungsbildend, kennen sich zweitens sehr
gut aus und können bei Gefallen einen Schauspieler
oder Regisseur in die Top Ten der Kultfiguren kata-
pultieren. Was noch wichtiger ist, Studenten sind die
Hauptabnehmer von Videoverleihfilmen (siehe auch
Kapitel: Video). Damit holt die Filmindustrie übrigens
auch die beim Kinobesuch verlorengegangene
Knete wieder rein. Studenten sind nämlich so doof,
daß sie sich einen sogenannten „Kultfilm" gerne x-
mal ausleihen, wo es doch wesentlich billiger gewesen wäre, sich den Film einfach zu kaufen. Aber 2
DM pro Woche lassen sich für den schmalen Stu-
dentengeldbeutel eben besser verkraften als einma-
lig 39.95 DM. Sogar BWL-Studenten lernen das
nicht, obwohl es ihnen beigebracht wird. Ein eindeu-

tiger Beleg wieder mal dafür, daß an deutschen Universitäten eigentlich völlig weltfremd gelehrt wird.
Uups. Da fällt mir auf, daß ich mal wieder das geschafft habe, wofür mich mein Deutschlehrer früher sowieso ständig getadelt hat: Absolute Themaverfehlung. Ich wollte eigentlich über den typischen Studentenkinobesuch reden. Also eben in Kurzform: Studenten gehen immer in Gruppen ins Kino (oder zu zweit, dann immer Männlein und Weiblein – siehe Kapitel „Sex"), haben immer eigenes Bier in der Tasche, oft auch eine eigene, batteriebetriebene Popcornmaschine, und sehen sich entweder solche Filme an, von denen eigentlich im Vorfeld bereits feststeht, daß es Kultfilme werden, oder Actionfilme. So, das war's.
Ein kleiner Tip für die verschwindend geringe Minderheit, die in Studentenstädten wohnt, aber nicht (mehr) zur Gruppe der Studenten gehört: Gehen Sie nie am Montag oder Dienstag ins Kino, da sind die Säle übervölkert mit Studenten, die nichts weiter tun als grölen, pöbeln und Dosenbier trinken. Kann aber auch ganz spaßig sein.

# Klamotten und Waschen

An dieser Stelle wäre es vielleicht angebracht, die verschiedenen Kleidungsstile zu beschreiben, die Studenten heute so tragen, aber bei den vielen Stilen, die es heute gibt, würde alleine das ein Buch füllen.

Den typischen Studentenlook zu beschreiben, fällt hier auch flach, aus eben genanntem Grund.

Was man machen kann ist: generalisieren. Um mich etwas präziser auszudrücken: Man kann nicht jeden Stil beschreiben, aber jeder Fakultät bestimmte Merkmale zuordnen, die sich an bestimmte Stilgruppen anlehnen.

Beispiel Jura: Ich glaube, niemand stellt sich einen Jurastudenten als langhaarigen, unrasierten Bombenleger mit Rehmusterpulli und Birkenstocks vor. Diese Beschreibung paßt auf einen Studenten der Theologie. Oder auf einen Lehramtsanwärter. (Habt Ihr, liebe Eltern und Verantwortlichen der Hochschulpolitik, eigentlich schon mal darüber nachgedacht, was für Gestalten in Zukunft die Erziehung Eurer Kinder übernehmen werden? Ja, genau die, die Ihr früher als „blöde Streber" gehänselt habt!)

Nein, ein Jurastudent ist ordentlich gekleidet, mit Stoffhose, evtl. unauffälliger Blue Jeans, Hemd, im Sommer vielleicht mal ein Polo-Shirt, dazu gut geputzte Halbschuhe und einen ordentlichem mit Gel an der Kopfhaut klebendem Haarschnitt. Für Interessierte: Vom BWL-Studenten unterscheidet sich der Jurastudent übrigens am Halstuch! Jurastudenten haben die Gewohnheit, seidene Tücher käuflich zu erwerben und mehrfach gefaltet um ihren Hals zu winden. Vielleicht steckt der Gedanke dahinter, durch die Assoziation mit den Cowboys im alten Wilden Westen etwas peppiger, etwas moderner zu wirken. Das Gegenteil wird erreicht. Zum Glück ist noch niemand auf die Idee gekommen, es den Jurastudenten zu erzählen, sonst geht dieses Unterscheidungsmerkmal auch noch verloren.

Die beiden Extreme habe ich jetzt allerdings verbraten, das sind so die unterschiedlichsten Typen von Studenten in der heutigen Zeit. Andere Studenten gibt es auch nicht, zumindest nicht solche, die eine erwähnenswerte Anzahl darstellten. Ach ja doch, die Medizinstudenten. Ich fürchte, da spielt mir mangelnde Erfahrung einen Streich. Ich kenne einfach zu wenig Medizinstudenten. (Zuschriften unter Chiffre 447 452828 2824 25537, bitte mit Foto!) Ich hab aber gehört, daß Medizinstudenten extrem früh heiraten wollen, also acht geben!

Zum leidigen Thema Klamotten gehört in Studentenkreisen auch unausweichlich das Thema „Waschen". Klamotten waschen gehört bei Studenten entweder zu den unbeliebtesten oder zu den beliebtesten Freizeitbeschäftigungen. Die, die es nicht gerne machen, sehen hier immer den Aufwand, den man treiben muß, um die Klamotten auch wirklich sauber zu kriegen. Warum sich unnötig erheben, denken sie sich und waschen nicht. Oder zumindest sehr selten. Das sind die Studenten, die eine eigene Waschmaschine im Haus haben. Damit meine ich nicht Wohnheimsstudenten, das ist was anderes. Denn schon im Wohnheim lassen sich die Waschmaschinen nur nach Einwurf kleiner, runder Metallstücke dazu überreden, ihre Trommel in Bewegung zu versetzen. Zwar haben Studenten nur sehr wenige dieser Metallstücke, für einen derart noblen Zweck kann man diese aber gerne mal verwenden. Das ist übrigens jetzt nicht ein Versuch, mit dem

Vorurteil aufzuräumen, Studenten seien unhygienisch, um Gottes Willen! Der Grund, warum Studenten gerne Waschen gehen (zumindest die, die keine Maschine ihr eigen nennen), liegt, mal wieder, in der Geselligkeit: Der Typ Waschmaschine, der nur auf Münzzuwurf reagiert, steht nämlich in entweder in Wohnheimen oder, noch beliebter als Treffpunkt, in Waschsalons!

In England hat man diesen Trend schon erkannt, und in die Waschsalons die Kneipe direkt mit eingebaut – oder umgekehrt, je nachdem. Deutschland ist immerhin soweit, daß es in einigen Waschsalons schon Getränkeautomaten gibt.

Allerdings ist das Kontakte knüpfen in Waschsalons immer noch sehr schwierig (der Spruch „Kaffee trinken gehen" ist ja sehr geläufig „Wäsche waschen gehen" eher nicht). Das liegt natürlich auch an der potentiellen Peinlichkeit, die bei einem Treffen in einem Waschsalon in der Luft liegt. Nach dem Motto: „Du bist also Sartre-Experte, das ist ja sehr interessant, was hältst Du davon wenn wir beide mal...IIHH, BLÜMCHENSOCKEN!

# Kommunikation

Auch Studenten müssen sich unterhalten. Damit meine ich jetzt nicht die Form von Unterhaltung, die man über sich ergehen läßt, sondern diejenige, die man aktiv mit anderen führt. Die moderne Technik hat uns in letzter Zeit einige zusätzliche wunderbare Möglichkeiten der Kommunikation beschert, die einige Gemeinsamkeiten haben: Sie sind alle vergleichsweise teuer, deswegen für Studenten nicht unbedingt geeignet, und viele von ihnen bieten die Möglichkeit, an jedem Ort der Welt mit anderen Menschen, die ebenfalls an jedem anderen Ort der Welt sein können, ohne größeren Aufwand zu kommunizieren. Dieser zweite Aspekt ist für Studenten wesentlich interessanter, da der Student an sich ja gerne mal das Haus nicht verläßt. Konzentrieren wir uns mal auf die für Studenten wohl interessantesten Möglichkeiten der Kommunikation.

Telefonieren: Ich bin zunächst einmal ganz altmodisch und fange mit dem Festnetztelefon an. Ein Begriff, der vor fünf Jahren übrigens kaum existierte, aber das nur am Rande.

Von der Entwicklung im Festnetzbereich haben Studenten wohl am wenigsten profitiert, Das liegt daran, daß Studenten zu 90 Prozent Ortsgespräche führen (die im Durchschnitt 43,24 Minuten dauern), und die sind, im Gegensatz zu Gesprächen über Ortsnetze hinaus, nicht wesentlich billiger geworden, oder zumindest nicht in gleichem Maße wie diese. Studenten sind notorische Vieltelefonierer und Langtelefonierer, die sich aber zugleich am wenigsten mitzuteilen haben. Am Telefon wird normalerweise heftig und lange diskutiert und schwadroniert. Durch die Verbreitung von Handtelefongeräten sind aber auch Studenten dazu übergegangen, sich kurz zu fassen (bzw. werden durch die für Studenten immer noch astronomisch hohen Kosten dazu gezwungen) und die Unterhaltung in einem nahegelegenen Café fortzuführen. Diese gute, alte, goldene Zeit ist wohl für immer vorbei. Reden wir nicht drüber.

Wesentlich interessanter ist die Entwicklung bei Handtelefongeräten, im Volksmund "Handys" genannt. Scheußlich. Ich könnte einen Aufsatz über die Absurdität dieses Begriffes halten, hat aber keinen Sinn.

Der nun folgende Text über Handys hat Allgemeingültigkeit. Zumindest für Leute mit schmalem Geldbeutel.

Handys haben den Vorteil, daß sie den Besitzer eines solchen Gerätes immer und überall erreichbar machen. Das ist allerdings auch ein Nachteil. Erst die gute Seite der Dinger: Die absolute Erreichbarkeit spielt im Studentenleben eigentlich keine besondere Bedeutung, das Leben eines Studenten spielt sich sowieso in einem relativ begrenzten lokalen Dunstkreis ab: immer die gleichen Hörsäle, Kneipen und Cafés. Der Vorteil eines Handys ist aber auch hier schnell einzusehen:

"Wo bist Du?" "Im Café X, Du?" "In der Mensa, ich dachte, Du wärst im Café Y". Wie die Konversation weitergeht ist eigentlich egal, wichtig ist, daß einer von beiden sich mindestens einen Weg (zu Café Y) spart, was dem gemeinhin faulen Studenten sehr entgegenkommt. Außerdem kann man einen Milchkaffee mehr trinken.

Der Nachteil eines Handys ist natürlich, daß man keine Ausreden mehr hat. "Ich war da und da und konnte mich nicht melden" ist als Ausrede im dämmernden 21. Jahrhundert einfach nicht mehr gültig.

Und auch die lange Zeit so beliebte Ausrede "Mein Akku vom Handy war leer" ist kaum noch originell, haben uns die Handy-Hersteller doch mit Akkuzeiten von einem halben Menschenleben gesegnet.

Ein weiterer Nachteil sind natürlich die immer noch exorbitant hohen Minutenpreise. Es ist etwas vermessen, dies zu behaupten, sind die Minutenpreise auch bei Handys doch inzwischen auf ein Niveau gesunken, bei dem man 1998, kurz nach der Liberalisierung des Telefonmarktes, bei der Festnetztelefonie in Jubelschreie ausgebrochen wäre. Trotzdem. Man muß ja mit der Zeit gehen.

Aufgrund der immer noch relativ hohen Preise (ich vermeide jetzt bewußt das Wort "exorbitant") sind viele Studenten dazu übergegangen, sogenannte Kurzmitteilungen zu verfassen, neuhochdeutsche, vom Duden bereits anerkannte Version: zu simsen. Und damit erliegen sie einem der größten Trugschlüsse der Menschheit, seitdem Ptolemäus behauptet hat, die Erde dreht sich um die Sonne.

Tatsächlich ist es so, daß eine SMS mit 20-40 Pfennig – je nachdem, wie schlau man bei der Wahl seines Providers war – zwar billiger ist als ein durchschnittliches Telefongespräch, das gerade tagsüber mal schnell einige Märker verschlingen kann. Wenn man sich allerdings mal folgenden SMS-Unterhaltung vorstellt und dann das Ganze als gesprochenes Wort dagegen hält, sieht es schon anders aus:

„Hi, wie geht's?"

„Hi, ganz gut, Dir?"

„Auch, danke. Was machst Du heute Abend?"

„Noch nichts, Du?"

„Auch nicht, wollen wir ins Kino gehen?"

„Klar, welcher Film?"

„Rocky 6 läuft gerade, wie wäre es damit?"

„OK, gerne, wann treffen wir uns?"

„19.30 Uhr bei mir?"

„OK"

„OK, bis denne"

„Bis denne"

Das wären jetzt ein Dutzend SMS gewesen, wobei hier noch nicht mal darüber gestritten wurde, ob der Film überhaupt gut ist, wo er läuft etc. Bei einem Preis von, sagen wir mal, 20 Pfennig pro SMS, wären wir dann bei 2,40 DM, die das ganze Gespräch gekostet hätte. Hätte man von vorneherein miteinander telefoniert, wären vielleicht 30 Sekunden vergangen. Und das kostet selbst bei einem 60/1 Takt nur 99 Pfennig, im Höchstfall vielleicht 1,69 DM (in diesem Fall würde ich übrigens dazu raten, den Provider zu wechseln, soviel bezahlt man nicht einmal mehr bei den Prepaid Karten).

Wenn Sie, liebe Eltern, jetzt also darüber nachdenken, Ihrem angehenden Studenten ein Handy zu vermachen, gebe ich Ihnen zwei Tips: Entweder lassen Sie ihn alles komplett selbst bezahlen – er wird solchen Unfug dann von selbst lassen, das kann er sich selbst mit Ihrer großzügigen monatlichen Spende gar nicht mehr leisten. Die Alternative für ihn wäre zu arbeiten, und das scheidet von vorneherein aus. Oder Sie geben ihm ein Handy mit, das so alt ist und eine so beschißene Menüführung hat, daß er gar nicht erst auf die Idee kommen würde, es zum „simsen" zu verwenden. Letzterer Vorschlag eignet sich vor allem dann, wenn Sie, liebe Eltern, schon seit fünf Jahren mit dem selben Knochen (umgangssprachlich für: großes, altes Handy, Anmerkung des Verfassers) rumrennen und sich wünschen, endlich so ein fesches, kleines Designerhandy zu besitzen, mit dem Kollege Meier schon seit

Anfang des Jahres alle neidisch macht. Aber lassen Sie sich bloß nicht durch irgendeinen eingebildeten oder realen Markenfetischismus blenden. Erst recht nicht von Kollege Meier, der ist doch immer so.

# Lernen/Klausurvorbereitung

Die härtesten Zeiten im Leben eines Studenten sind sicherlich die Phasen, in denen er oder sie sich tatsächlich vorbereiten muß auf Klausuren. Das gilt natürlich nicht für die Studenten deren Lernziel es ist, Grundschüler zu unterrichten. Diese besondere Spezies von Studenten ist erstens zu 99,9 Prozent weiblich und von denen studieren 99,8 Prozent nur deswegen, weil sie hoffen, hier den Mann fürs Leben kennenzulernen. Kleiner Tip für alle Partywilligen: Die "Primi-Parties" sind meistens die besten und hemmungslosesten - mann sollte aber darauf achten, am nächsten Morgen spätestens nach dem Frühstück zu verschwinden, sonst werden aus der einen Nacht gerne mal einige tausend. Und immer ein Kondom verwenden oder alternativ den wahren Namen verschweigen, zwecks späterer zu befürchtender Vaterschaftsklagen. Zurück zum Thema. Primi-Studis müssen deswegen kaum für Klausuren lernen, weil man ja 1. nicht viel mehr wissen muß als das, was man den Grundschülern beibringen will. Und ich behaupte jetzt einfach mal, daß selbst Primi-Studis sich dieses Wissen spätestens auf dem Gymnasium angeeignet haben. 2. besteht die Klausur bzw. Semesterarbeit auch gerne mal darin, einen Topflappen zu häkeln.

Anders natürlich die anderen Studenten. Abhängig vom Fach müssen sie tatsächlich lange und viel büffeln, um sich später mit einem Diplom oder einem Magister schmücken zu dürfen. Es wäre an dieser Stelle sicherlich schwierig zu versuchen, alle Fächer mit einer Beschreibung der Lernphase unter einen Hut zu bekommen, daher zur Abwechslung mal die

drei besten Strategien, um sich in der Klausur-
vorbereitungsphase optimal äh, na ja, vorzubereiten
eben.

1. Die Durchmogelstrategie:
Bei dieser Variante ändert man eigentlich nichts am
studentischen Alltag, man schleimt sich lediglich
kurzzeitig bei den bekannten Strebern des Semesters ein (Übrigens ist es ja tatsächlich so, daß viele
Studenten eines Semesters sich untereinander nicht
kennen, die Streber dagegen sind jedem bekannt,
was auf die Beliebtheit der Durchmogelstrategie
zurückzuführen ist). Die Streber sind natürlich umgekehrt froh, wenn sie endlich mal mit jemandem
reden können und fangen an zu reden, als ob eine
mysteriöse Krankheit ihnen morgen die Sprache
verschlagen wird, und sie schnell noch alles loswerden müssen. Der gemeine Student muß natürlich
lernen, die klausurrelevanten Themen rauszuhören
und dem ganzen Rest keinerlei Beachtung zu
schenken. Mit der Zeit gelingt einem das aber ganz
gut, so daß diese Fähigkeit eigentlich die einzige ist,
die man nach seinem Studium wirklich perfekt be-
herrscht. Da diese Fähigkeit natürlich in der Wirtschaft extrem beliebt ist, ist das übrigens auch der
Grund, warum mittelmäßige Studenten immer Chef
werden und die Streber als desillusionierte Wissenschaftler an der Uni bleiben. Wer will, kann zu dieser
Strategie noch die üblichen Schummelmethoden
hinzufügen, die ich nicht näher beschreiben will; es
sind weitestgehend die gleichen wie damals in der
Schule.

2. Die Ein-Bißchen-Was-Tun-Strategie:
Diese Strategie unterscheidet sich von Strategie
Nummer 1 dadurch, daß man sich lediglich die
Mitschriften der Streber ausleiht, eventuell mal das
eine oder andere Kapitel aus einem Lehrbuch

durchackert und sich auch ansonsten bemüht, das, was man in den Vorlesungen verpaßt hat, nachzuholen. Auch diese Strategie ist überraschenderweise sehr beliebt, und es haben sich schon gelehrtere Menschen als ich den Kopf darüber zerbrochen, was die Studenten zum plötzlichen Arbeitseifer verleitet. Es wird wohl auf ewig eines der großen Geheimnisse der Menschheit bleiben.

Da diese Strategie, wie gesagt, sehr beliebt ist, hier noch einige Tips zur strategischen Taktik für diese Strategie.

Beginn: Um ein einigermaßen akzeptables Ergebnis abzuliefern, mit dem man auch die Eltern vielleicht zu einer größeren Geld- oder Sachspende bewegen kann, sollte man zwei bis drei Wochen vor Klausurdatum damit beginnen, das Fach in Angriff zu nehmen. Viele werden sagen, das dies nicht reicht. Stimmt. Deswegen:

Durchführung:

Man sollte sich ein wenig am Riemen reißen und sich dazu durchringen, mal um zehn Uhr aufzustehen. Ich weiß, es klingt hart, aber nur dann reichen die zwei Wochen auch. Da die Zeit besonders gegen Ende der zwei bis drei Wochen natürlich immer knapper wird, sollte man am Wochenende vor der letzten Woche einen Großeinkauf machen und den Fernseher dem Nachbarn leihen, um die Woche wirklich konzentriert verbringen zu können. Dabei sollte man für jeden Tag ca. ein Pfund Kaffee einplanen, sowie tonnenweise Spaghetti (Kohlehydrate, gut fürs Hirn). Man sollte sich ferner darauf einstellen, in den letzten Tagen vor der Klausur von morgens um zehn bis nachts bzw. morgens um sieben oder acht Uhr durchzuarbeiten um schließlich völlig ermüdet mit dem Kopf auf dem Buch oder Skript oder Heft oder Computer einzuschlafen.

Ein letzter Tip: Nach der Klausur erst schlafen, dann feiern gehen!

3. Die Streberstrategie:

Diese Strategie erfordert eine komplette Umstellung der Lebensgewohnheiten während des ganzen Semesters und ist somit indiskutabel. Außerdem haben wir ja weiter oben gesehen, was das Strebertum für Konsequenzen hat. Also lassen wir's lieber.

Obwohl ich eigentlich angekündigt habe, über den Vorgang der Klausur an sich nichts zu schreiben, an dieser Stelle doch noch ein paar Verhaltensweisen, die viele Studenten an den Tag legen.

Wenn man beispielsweise kurz vor der Klausur langsam und gemächlich vor der – noch ungeöffneten – Tür zum Klausurraum eintrifft, sitzen dort unweigerlich einige Kommilitonen – eigentlich meist Kommilitoninnen – die noch einmal, Kaffee trinkend und Zigarette rauchend, sich die wichtigsten Fakten zur bevorstehenden Klausur reinziehen. Diese Spezies erkennt man gewöhnlich daran, daß sie sehr nervös wirken und kaum anzusprechen sind. Andere wiederum sind ähnlich nervös, gucken aber gerade nicht in ihre Unterlagen, nerven stattdessen jeden, der es nicht wissen möchte, damit, was sie alles gelernt haben, ob man das überhaupt lernen müsse. Diese Spezies ist übrigens sehr leicht dadurch aus der Fassung zu bringen, indem man ihnen ein Thema nennt, was nichts, aber auch gar nichts mit der Klausur zu tun hat und ihnen dann glaubhaft versichert, daß man unbedingt auf dieses Thema hätte vorbereitet sein müssen, sonst könne man die Klausur direkt vergessen. Über die etwas abgebrühten Typen, die erst drei Minuten vor (wahlweise auch nach) Klausurende kommen, rede ich gar nicht erst.

Wird die Tür zum Klausurraum dann endlich geöffnet, spielen sich Szenen ab wie bei Karstadt am

23.12. zur Öffnungszeit: Gespannt drängeln sich die Studenten um den „Keymaster", der die Tür öffnet, und sobald dieser seine Pflicht getan hat, heißt es auch für ihn, sich in Sicherheit zu bringen. Denn dann stürmen alle Studenten in den Raum um sich einen möglichst guten Platz sichern zu können. Interessanterweise sind die Plätze im hinteren Teil des Raumes beliebter, weil die meisten Studenten glauben, daß man dort besser pfuschen könnte. Ich behaupte, dem ist nicht so, weil natürlich auch die Professoren bzw. Aufseher wissen, daß dort am meisten gepfuscht wird und diesen Teil des Raumes besonders in Augenschein nehmen. Mit dem Resultat, daß der vordere Teil sträflich vernachlässigt wird. An dieser Stelle bleibe ich bei meinem ursprünglichen Vorsatz und werde nichts über die Schummelgewohnheiten der Studenten sagen, da sie sich ja, wie erwähnt, nicht großartig von der Schulzeit unterscheiden, und da ich zusätzlich den Professoren und Aufsehern keine Möglichkeit in die Hand geben möchte, die Studenten zukünftig einfacher zu entlarven. Solidarität!

Interessant wird es dann wieder nach der Klausur. Viele Studenten (vorzugsweise die, die vorher nervöserweise noch die Unterlagen studiert haben), rennen herum und vergewissern sich, daß alle daßelbe auf die verschiedenen Fragen geantwortet haben, wie sie selber. Die Studenten zweiten Typs (siehe oben) verfahren ähnlich, beginnen ihre Fragen aber anstatt mit „Was hast Du bei...?" mit „Hast Du bei...auch?" oder nerven wiederum damit, was sie denn nun bei welcher Frage vergessen hätten, und daß diese Klausur sowieso in die Hose gegangen ist (nur damit sich später herausstellt, sie haben die besten Noten des Semesters).

Die Studenten, die vor und während der Klausur ruhig geblieben sind, sind dies immer noch, und gehen entweder erst einmal einen Kaffee trinken, unterhalten sich über den letzten Bundesligaspieltag oder, vor allem wenn es sich um die letzte Klausur des Semesters gehandelt hat, öffnen erst einmal in Ruhe das erste Faß Bier.

In diesem Sinne, ab in die Rinne.

# Musik

Musik ist der ewige Begleiter des Studenten. Seitdem Rudi Dutschke & Co. von Hymnen wie dem Rauchhaus-Song in ihrem Begehren bestärkt worden sind, kommt kein Student mehr ohne Musik aus. Allerdings muß man sagen, daß Studenten so viel Musik hören (sie haben ja auch unendlich viel Zeit dazu), daß sie während ihres langjährigen Studentenlebens, das einen Großteil ihres Lebens ausmacht, sich die Musik fast komplett abgewöhnen. Dabei werden verschiedene Stadien unterschieden: Jeder Student kommt mit einem mehr oder weniger individuellen Musikgeschmack an die Uni. In den ersten Semestern schließt er sich zwar jeder Party an, auf der dann die aktuellsten Charthits mit den Schlagern und Brüllern der Vergangenheit gemischt werden, freut sich zuhause aber immer auf seine gepflegte Dosis Heavy-Pop-Metal-Trance. Oder wie auch immer seine bevorzugte Musikrichtung genannt wird. Erst langsam läßt das Verlangen dazu nach. Etwa ab dem Vordiplom ist man dann viel zu sehr mit Computerspielen, Rumhängen in Cafés oder Schlafen beschäftigt, um noch die Energie zu besitzen, seinen eigenen Musikgeschmack weiter zu pflegen. (Das gilt natürlich nicht für Lehramtsstudenten, die ja erstens nicht auf Parties gehen und zweitens noch mehr Zeit haben als andere Studenten).
Ca. zwei bis drei Semester vor Studienende, also mit ungefähr 33 Jahren, gibt man das Musikhören dann ganz auf und wenn man dann mit 40 endlich ins Berufsleben einsteigt, hat man zwar wieder Zeit, der früher geliebte Musikstil existiert aber nicht mehr, weil er entweder zu extrem war, um sich der neuen

Zeit anpassen zu können oder weil der Leadsänger der einzigen Band, die diesen Stil gespielt hat, mit 27 Jahren an einer Überdosis Drogen gestorben ist. Die einzige Chance, die man dann noch hat, ist, sich entweder an die Charthits zu gewöhnen oder sich der Klassik zuzuwenden. Da mit 40 Jahren die Leidensfähigkeit, was die Nackenmuskulatur (Headbangen) oder die Beinmuskulatur (Techno tanzen) deutlich nachläßt, liegt hierin die Erklärung, daß in den Charts hauptsächlich massenkompatible und langweilige Songs rangieren. Der Klassik wenden sich hauptsächlich diejenigen Ex-Studenten zu, die schon Kinder haben oder bei denen die Kinder in Planung sind. Der Grund hierfür ist sofort ersichtlich: Man will ja nicht den Kindern den Spaß an der Jugend nehmen und ihnen die Möglichkeit bieten, sich gegen die spießigen Eltern aufzulehnen. Das ist übrigens der Grund, warum die heutige Generation als lustlos beschrieben wird: Die Eltern waren viel zu großzügig, haben die Musik- und Modegeschmäcker der Kinder toleriert. Ich rufe deswegen die Eltern dieser Welt zu mehr Spießigkeit und Autorität auf, oder hättet ihr so viel Spaß gehabt, wenn euch eure Eltern alles erlaubt hätten?

# Öffentliche Verkehrsmittel

Jeden Morgen das Gleiche. Immer stehe ich zu spät auf und muß mich dann abhetzen, um den Bus noch zu kriegen. Ohne Frühstück, das gibt's erst in der Uni – keine Zeit mehr. Und dann häufig die letzten Meter rennen, um den Bus wirklich noch zu erwischen. Und das am frühen Morgen, ohne was im Magen, schrecklich. Aber immerhin fährt ein Bus. Wo ich herkomme, auf'm Land, da fährt ja höchstens alle paar Stunden mal ein Bus, hier kann man das zumindest verantworten, mit dem Bus zu fahren; fährt ja auch alle zehn Minuten einer. Vor allem im Winter ist das wirklich besser, als sich aufs Fahrrad zu setzen und sich den kalten Wind – oder schlimmer, Regen – ins Gesicht pfeifen zu lassen. Na ja, man muß manchmal ein paar seltsame Mitfahrer ertragen, oft ist der Bus überfüllt, und man muß ewig stehen, noch dazu am frühen Morgen, wo man sich sowieso nie auf den Beinen halten kann und sich eigentlich nur nach einem schönen warmen Sitzplatz in der Uni sehnt (wenn man denn früh genug da ist). Zum Glück muß man als Student die Nutzung dieser enorm praktischen Beförderungsgeräte nicht bezahlen, sonst wäre es wahrscheinlich zu teuer. Obwohl, unter rein finanziellen Gesichtspunkten betrachtet ist der ÖPNV eigentlich gar nicht so teuer, wenn man die Kosten für ein eigenes Auto mal genau überdenkt: Steuern, Versicherung, Sprit, Wertverfall etc. Da sind selbst die zunächst überzogen wirkenden 120 Mark für eine Monatskarte billig. Andererseits kann man natürlich nicht so gut einkaufen gehen; gerade Großeinkäufe sind mit öffentlichen Verkehrsmitteln nur schwer zu bewältigen. Wie auch immer, ich denke, jeder kennt die Argumente für und gegen ÖPNV, da muß man nicht näher drauf eingehen. Vielleicht mal die eher praktischen Seiten: Man kann in Ruhe seine Zeitung lesen, wenn man sich nach fünf Minuten im Bus von der Strapaze des dem-Bus-Hinterherlaufens erholt hat. Man kann sich im Winter beim Umsteigen oder Warten (was im Winter denn auch häufiger vorkommt – da hat man sich mit Mühe und viel Hast aus dem Bett gequält und dann ist der Bus zu spät) den Arsch abfrieren. Man lernt völlig neue Dufterfahrungen kennen, wenn man bemerkt, daß der Nebenmann kein Deo benutzt oder zuviel Aftershave. Man kann endlich mal den netten Pfadfinder spielen und der älteren Dame seinen mühsam erkämpften Sitz anbieten. Oder man kann gemein sein und einer älteren Dame nicht Platz machen – auf die Gefahr hin, den Ärger des ganzen Busses auf sich zu laden. Man kann die Zeitung lesen, die ein früherer Passagier hat liegen lassen (alle Leute lesen Bild!). Man kann im Sommer bei einer Außentemperatur von 30 Grad (im Schatten) die Vorzüge eines beheizten Busses kennenlernen. Man kann Busfahrer verfluchen, die einen zwar zur Bushaltestelle rennen sehen, dann aber kurz bevor man ankommt mit einem süffisanten Lächeln auf den Lippen losfahren. Man kann die nette Stimme des Bahnhofssprechers hören, der verkündet, daß die S-Bahn wieder mal eine halbe Stunde Verspätung hat oder wegen technischer Probleme genau eine Haltestelle vor der, die man anfahren muß, endet. Ja, es gibt eine ganze Menge spaßiger Assoziationen, die man mit dem ÖPNV verbindet. Wobei wir bei ÖPNV die Bahn zunächst mal außen vor lassen, dieser bürokratische Koloß, dem man selbst als Student noch viel zu viel Geld in den Rachen werfen muß! Der außerdem immer unpünktlich ist! Und unbequem! Und immer überfüllt! Und unfreundlich! Und unflexibel! Und...ach, lassen wir das.

Wieder zurück zu unserem Bus. Trotz aller Vor- und Nachteile werde ich wohl auch morgen mit dem Bus unterwegs sein, aber diesmal werde ich früh genug aufstehen, damit ich zumindest noch einen Kaffee trinken kann und vielleicht noch in Ruhe eine Scheibe Brot oder so, irgendwas eben, was man Frühstück nennen kann. Und dann werde ich in Ruhe zur Bushaltestelle gehen und während der drei Minuten, die ich auf den Bus warte, schon mal die Titelseite der Zeitung überfliegen. Um das alles zu erreichen, werde ich meinen Wecker auf eine Stunde vor Abfahrt des Busses stellen, da ist ein gutes Polster drin. Na ja, eigentlich reicht auch eine dreiviertel Stunde. Obwohl, Schlaf ist ja eigentlich wichtig, sagen wir eine halbe Stunde. Wenn ich auf den Kaffee verzichte, gehen auch zwanzig Minuten, wenn ich mich richtig beeile, könnte auch...

# Parties

Nun, kommen wir zur wohl wichtigsten Sache des alltäglichen Leben eines Studenten. Parties. Parties sind quasi das Lebenselixier eines Studenten, der wahre Grund, warum man überhaupt studiert, die Sache, wegen der man später im Leben einmal sagen wird, die Studentenzeit sei die beste Zeit gewesen, der Grund, warum man – objektiv gesehen – während der Studentenzeit extrem ungesund lebt. Auf Parties fühlt sich der Student zuhause – und nur da.

In jeder Studentenstadt, nein, mehr noch in jeder Stadt, die eine Universität ihr eigen nennt, gibt es ein funktionierendes Studentenleben, das sich meist in der Anwesenheit von diversen sogenannten Studentenkneipen äußert. Dort gehen die Studenten hin, wenn mal keine Party sein sollte, oder wenn ein Party-Thema einem mal nicht gefallen sollte.

Viel wichtiger für das Studentenleben sind jedoch die Parties. Seien es nun Privatparties oder organisierte Großparties, Studenten suchen immer und überall nach Parties wie ein Hund im Garten nach einem vergrabenen Knochen. Übrigens ein weiterer Grund, warum es die Studenten immer und immer wieder an die Universitäten verschlägt: Dort werden große, organisierte Parties bekanntgegeben, durch Flyer, Plakate o.ä., man kann allerdings auch einen Tip bekommen, wo die eine oder andere Privatparty stattfindet. Dabei ist es übrigens unerheblich, ob man den Veranstalter der Party kennt oder nicht. Dies auch als Tip für Leute, die planen, eine Party zu veranstalten: Immer damit rechnen, daß unangemeldet Leute erscheinen. Unter Studenten gibt es im wesentlichen zwei ungeschriebene Gesetze, was den Einlaß ungebetener Gäste angeht. Handelt es sich bei der Party um eine klassische Geburtstagsfete (wobei hier unter „Geburtstagsfete" all diejenigen Parties zu verstehen sind, bei der der Gastgeber seine Gäste eingeladen hat, d.h. es gilt der berühmte Spruch „für Getränke etc. ist gesorgt"), darf man ungebetene Gäste ruhig rausschmeißen bzw. schon an der Tür abwimmeln. Wird jedoch zum Betreten der Party ein Obolus verlangt, sollte man den Leutchen, die an der Tür um Einlaß bitten, diesen auch gewähren. Und das schon im ureigensten Interesse, schließlich kann man dort immer noch einen gewissen Profit rausschlagen, den man nach der Fete dazu verwenden kann (und meisten auch muß), die gebrochenen, kaputten und ruinierten Einrichtungsgegenstände wieder zu ersetzen. Allerdings gilt auch hier, nach demjenigen Gast, der dafür sorgt, daß ab sofort alle Gäste übereinander gestapelt werden müßten, kann man ruhigen Gewissens den nächsten Einlaßwilligen abwimmeln (zwar gibt es auch Parties, bei denen Gäste ausdrücklich übereinander gestapelt werden, diese fallen aber nicht in den Mainstream der Parties und werden hier nicht berücksichtigt).

Spaßiger jedoch, als eine Party zu veranstalten (obwohl auch das seine Reize hat) ist es, eine Party zu besuchen.

Da sind zunächst einmal die großen, organisierten Parties. Diese zeichnen sich dadurch aus, daß sie an „echten" Veranstaltungsorten wie Discos, Kneipen, Hallen stattfinden und meistens von irgendeiner Gruppierung organisiert worden sind. Zu diesen Gruppierungen zählen dabei vor allem die Mitglieder eines bestimmten Studiengangs. Zu Beginn eines jeden Semesters gibt es beispielsweise eine Erstsemesterparty. Welche dieser Parties man dabei besucht, ist sowohl davon abhängig, wo sie stattfinden, als auch welcher Studiengang sie organisiert. Als Erstsemester ist es natürlich schwer, herauszukriegen, wo die besten Veranstaltungsorte sind. Dies herauszufinden geht nur über die Methode: hingehen und ausprobieren. Leichter ist es da schon, herauszufinden, welche Erstsemesterparty man besuchen soll, wenn man sich an den Studiengängen orientiert. Da ja hinlänglich bekannt ist, welche Sorte Menschen welchen Studiengang bevorzugt, orientiert man sich eben daran. Auch auf die Geschlechterzusammensetzung eines Studiengangs sollte man achten. So sind bekanntermaßen die Studenten der Primarstufe 1 meistens weiblich, im Ingenieurwesen dagegen tummeln sich noch immer hauptsächlich Vertreter des männlichen Geschlechts. Dementsprechend sollte man seine Party in solchen Fällen nach seinen sexuellen Vorlieben wählen. Bei der Sorte Mensch sollte man jedoch vorsichtig sein, da gewisse Klischees (wie z.B. alle Informatikstudenten sind pickelige, langhaarige Brillenträger) einfach nicht mehr zutreffen. Da in den Köpfen der meisten Studenten ein Großteil der Vorurteile weiter besteht, kann man sich irgendwie doch danach richten, da Leute, die auf langhaarige, pickelige Brillenträger stehen, automatisch auch zu Informatikparties gehen. Falls man sich übrigens nicht sicher ist, hilft immer wieder ein Blick auf den Studentenausweis, dort kann man nachlesen, welchen Studiengang man besucht, und kann so seine Partyplanung entsprechen ausrichten.

Bevor man sich jedoch überstürzt ins Partyleben hineinwagt, noch ein paar Worte zu diesen groß angelegten Parties. Da es sich hier um groß-organisierte Events handelt, haben diese Parties

auch den Flair eines – sagen wir mal – groß-
organisierten Events. Sicherlich – meiner Meinung
nach – ein Erlebnis, das man sich ab und zu antun
kann, allerdings ist es Geschmackssache, ob man
diese Parties jeden Tag besuchen sollte (weil eben
auch jeden Tag irgendwo eine stattfindet, zumindest
in den Städten mit großen Universitäten). Als Alternative bietet sich dazu – neben den üblichen
Saufgelagen unter Freunden und Kommilitonen –
eher die Privatparty an, die allerdings auch
wesentlich schwerer aufzuspüren ist.

Hat man nicht gerade einen Tip erhalten, ist es oft
sehr ratsam, sich mit ein paar Freunden auf ein Rad
zu schwingen, ein paar Bier als Vorrat einzupacken,
und sich auf die Suche zu begeben. Groß sind die
Erfolgsaussichten besonders in Studenten-
wohnheimen. Dort ist eigentlich immer eine Party,
abhängig natürlich von Größe und Art des Wohn-
heimes. So macht es wenig Sinn, in einem katholi-
schen Mädchenwohnheim nach einer Party zu suchen.

Man sollte sich auch eher an die größeren Studentenwohnheime halten, da dort oft sogar mehrere
Parties auf einmal abgehen, und man sich die beste
raussuchen kann bzw. man dann eine Alternative
hat, sollte man sich bei einer anderen vergeblich um
Einlaß bemühen.

Sucht man tatsächlich einmal umsonst, kann man
sich immer noch zur nächsten Tankstelle begeben,
dort ein paar Bier kaufen und anschließend, abhängig von den Witterungsbedingungen, sich entweder
irgendwo an eine grüne Stelle der Natur begeben
und dort sein Bier genießen. Oder zuhause einen
Videofilm in den Recorder einlegen.

Besser ist es natürlich, vorher an der Uni oder irgendwo sonst einen Tip erhalten zu haben. Dies

bedeutet nämlich, daß man nicht nur weiß, wo eine Party stattfindet, sondern auch, daß die Wahrscheinlichkeit, Einlaß gewährt zu bekommen, wesentlich höher ist.

Ein besonderer Tip, weil besonders begehrt, sind auch immer die Verbindungsparties. Aus unerfindlichen Gründen ist es bei Verbindungsparties immer so, daß dort jeweils die besten Exemplare des anderen Geschlechts durch die Gegend spazieren, was man allerdings meisten von den eigentlichen Mitgliedern der Verbindung nicht sagen kann. Auf eine solche Party zu kommen, ist jedoch sehr schwer, es sei denn, man kennt ein Mitglied einer solchen Verbindung bzw. man kennt jemanden, der ein Mitglied einer solchen Verbindung kennt bzw. man kennt jemanden, der jemanden kennt, der ein Mitglied einer solchen Verbindung kennt bzw. man kennt jemanden, der...na egal.

Gewöhnlich sind solche Parties immer eine gute Gelegenheit um a. billig zu saufen oder b. jemanden „abzuschleppen". Achtung! Beides zusammen funktioniert nicht: ich möchte ausdrücklich auf das „oder" im vorhergehenden Satz aufmerksam machen.

Abgesehen von diesen marginalen Unterschieden laufen alle Privatparties nach dem gleichen Schema ab: Man geht hin, stellt sich zunächst als kleine Gruppe geschlossen hin, holt sich etwas zu Trinken und lästert über alle Anwesenden. Nach einigen Stunden ist man dann besoffen genug, um mitzutanzen und mitzusingen, oder man hat vorher Glück, und ein andersgeschlechtliches Wesen stellt sich zufällig in die Nähe oder man begegnet sich am Tresen oder so ähnlich. Dann sollte man nach einigen Stunden weder am Mittanzen noch am Mitsingen sein, sondern sich knutschenderweise in irgendeiner Ecke befinden.

Übrigens unterscheiden sich Privatparties gar nicht so sonderlich von organisierten Parties, zumindest was den Ablauf betrifft. Der Unterschied ist lediglich der, daß auf organisierten Parties mehr getanzt wird und auf Privatparties die Anbändelungen häufiger sind.

In jedem Fall ist eine Party immer ein gelungener Abend, weil man entweder besoffen ist oder anderweitig seinen Spaß gehabt hat. Was allerdings den Tag danach angeht: Ich empfehle bei Katerbeschwerden eine oder zwei Kopfschmerztabletten sowie etwas heiße Brühe zum Frühstück. Sollte man „anderweitig Spaß gehabt haben" und neben jemandem erwachen, dem man sonst eher ausweichen würde, empfehle ich ein Wasserglas Wodka. Pur.

# Radfahren

Es gibt ein weiteres Merkmal, an dem man eine Studentenstadt erkennt. Auch ohne daß man gerade eine aktuelle Statistik in der Hand hält, in der die Stadt anpreist, wie jugendfreundlich sie ist und das durch ihre überdurchschnittliche Anzahl an Studenten beweisen will. Jeder aufmerksamer Beobachter kann bereits nach kurzem Aufenthalt eine Studentenstadt erkennen. Dabei gehe ich mal davon aus, daß alle Leser dieses Buches auch aufmerksame Beobachter sind – es sei denn, sie lesen gerade dieses Buch. Um die Merkmale richtig deuten zu können, die auf eine gehäufte Ansammlung von Studenten hinweist, bedarf es meist nur einer kurzen Autofahrt durch die Stadt. Wenn man auf überdurchschnittlich viele Fahrradampeln, Radwege und besonders Fahrradfahrer im Allgemeinen stößt, kann man sich fast sicher sein, sich in einer Studentenstadt zu befinden. Oder in Holland. In letzterem Falle würde ich empfehlen entweder sofort umzudrehen um die niederländischen Autofahrer so weit wie möglich hinter sich zu lassen oder den nächsten Coffeeshop aufzusuchen. Das hat in etwa den gleichen Effekt.

Falls man sich – bei ersterem Fall – nicht ganz sicher sein sollte, hilft ein Ausflug in die Fußgängerzone. Mein Vorschlag: Man setze sich in ein Cafe und warte. Irgendwann wird ein Fahrradfahrer verbotenerweise fahrend die Fußgängerzone durchqueren. Daran alleine ist allerdings noch keine Studentenstadt verlorengegangen. Erst die Tatsache, daß ein paar Meter weiter ein Polizist diesen Fahrradfahrer stoppt und zur Kasse bittet, macht es zu einer

Studentenstadt. Warum? Ganz einfach: Polizisten sind, wie alle Menschen, nur aufs Geld aus. Und da in Studentenstädten nun mal mit dem Ahnden von Delikten, die sonst großzügigerweise übersehen werden, viel Geld verdient werden kann, ist die Polizei etwas anders gestrickt als in „normalen" Städten. So werden in Studentenstädten eben auch Fahrradfahrer zur Kasse gebeten, die sonst nur mehr oder weniger höflich ermahnt werden. Es gibt eine Ausnahme: Fahrradfahren unter Alkoholeinfluss. Irgendwie scheinen die meisten Polizisten hier alle Augen zuzudrücken – überhaupt ist mir nur eine Geschichte bekannt, bei der jemand wegen Alkoholeinfluss am Fahrradlenker angehalten wurde und selbst das ging glimpflich aus. Meine Vermutung ist die, daß die Polizisten sich natürlich auskennen in einer Stadt und generell wissen, daß so viele Taxen gar nicht gebaut werden könnten, um alle Besoffenen zu kutschieren, die Abend für Abend irgendwo mit dem Fahrrad herumdüsen. Andererseits wären natürlich alle Ausnüchterungszellen überfüllt, wenn man nur einen Bruchteil derjenigen Besoffenen auflesen würde, die sich nur durch physikalische Kräfte (welche auch immer das sein mögen) auf dem Sattel halten können. Und so lassen auch die gemeinsten Grünfrösche die besoffenen Radfahrer in Ruhe – was besonders in Studentenstädten für Studenten extrem von Vorteil ist. Nüchtern betrachtet ist das Fahrrad nämlich für Studenten völlig unnütz. Man kann nicht vernünftig einkaufen gehen (verglichen mit einem Auto), man lässt sich Wind und Regen durchs Gesicht pfeifen (verglichen zum Bus) und man verbraucht so gut wie keine Kalorien (verglichen zum Joggen). Der einzige Vorteil, der somit übrigbleibt ist: Man kann trinken. Übrigens ist das der Grund, warum Studenten schon am frühen

Nachmittag anfangen zu trinken. Als weiterer Vorteil kann gewertet werden, daß alle oben erwähnten Nachteile durch den Genuss alkoholischer Getränke und anschließendem Radfahren außer Kraft gesetzt werden: wenn man besoffen ist, kann man auch einen Kasten Bier mit aufs Fahrrad nehmen (einkaufen!), es ist einem egal, wenn Wind und Regen durch Gesicht pfeift und man verbraucht mehr Kalorien, da man bekanntermaßen mit einem Blutalkoholgehalt größer eine Promille immer Maximum Tempo fährt. Deswegen fahren alle Studenten Fahrrad. Wer was Anderes erzählt der lügt entweder oder hat nie studiert. Oder er kommt aus Holland, da fahren ja alle mit dem Fahrrad. Außer den Studenten.

# Schlafen

Wenn ich mich am Wochenende, also dann, wenn keinerlei Verpflichtungen mich dazu zwingen, auf meinen kostbaren Schlaf zu verzichten, aus dem Bett erhebe, ist es unter normalen Umständen bereits Mittag, wenn nicht Nachmittag. Wenn ich Leuten davon erzähle, wird dies meist mit einem bedauernden Kopfschütteln und Worten wie: „Wie kann man nur so lange schlafen!" bedacht. Um diesen armen Würmern zu helfen und einen kleinen Eindruck zu vermitteln, wie es ist, Schlaf als Hochgenuß zu empfinden, habe ich mich dazu entschlossen, meine Erfahrungen mit der Außenwelt zu teilen.

Zunächst einmal sei ganz generell bemerkt, daß Schlaf ein Genuß ist. Für viele ist es nur ein notwendiges Übel, um nach ein paar Tagen Arbeit am Stück nicht zusammenzuklappen oder um für die nächste Party möglichst viel Energie zu tanken. Andere dagegen schlafen auch viel und gerne und vor allem auch lange, empfinden dabei jedoch nicht den Genuß, den Schlaf vermitteln kann. An diese Leute richten sich diese und die folgenden Zeilen.

Der Schlafgenuß tritt in vielen Formen auf. Da ist zunächst das sanfte Einschlummern am Abend, das genußvolle Auskosten der letzten Schlafreste am Morgen. Oder das Hin- und Herwälzen und nicht einschlafen können, wie auch das brutal aus Morpheus Armen reißende Klingeln des Weckers können bei richtiger Anwendung zum Schlafgenuß beitragen. Aber für diejenigen, die den Schlaf noch nicht als Genuß betrachten, fange ich mit den einfachen Dingen an.

Zunächst einmal eine kurze Definition dessen, was ich unter Schlaf verstehe, um begreiflich zu machen, wie man den Schlaf voll auskosten kann. Sicherlich ist der Schlaf notwendig, ohne Schlaf würde der Mensch innerhalb kürzester Zeit verrückt werden. Allerdings haben selbst die besten Wissenschaftler noch nicht hundertprozentig geklärt, was im Körper während des Schlafes vor sich geht, geschweige denn, eine befriedigende Erklärung für das gefunden, was bis dato bekannt ist. Nur eins ist ziemlich sicher, Schlaf ist notwendig zur Regeneration des Körpers. Aber, wie bei vielen Notwendigkeiten, kann man den Schlaf vielfältig nutzen. Um einen Vergleich heranzuziehen: man kann seinen kompletten Tagesbedarf an Nahrung in Form einer Tablette zu sich nehmen oder aber ein 3-Sterne-3-Gänge-Menü zu sich nehmen. Beim Essen ziehen die meisten Menschen sicher letzteres vor, beim Schlaf beschränken sich die meisten auf ersteres, leider, denn es gibt auch hier vergleichbares und es ist zumeist wesentlich billiger zu bekommen als ein 3-Sterne-3-Gänge Menü.

Nun, ich werde versuchen, einen kleinen Anstoß in Richtung 3-Sterne Menü zu geben.

Das einfachste ist sicher, ich will es einmal Vorspeise nennen, der Prozeß des Einschlafens. Anstatt sich nach einem anstrengenden Tag einfach ins Bett zu knallen und direkt zur Hauptspeise überzugehen, probieren Sie den Aperitif, er hat es in sich. Legen Sie sich z.B. aufs Sofa oder ins Bett, lesen Sie oder sehen fern. Geben Sie darauf acht, sich schon im liegenden Zustand zu befinden, das erleichtert die Sache ungemein. Wenn dann der Schlaf irgendwann herangeschlichen kommt, auf leisen Sohlen, gibt es zwei mögliche Verhaltensweisen: Lassen Sie sich gehen und genießen Sie die letzten Reste des Wachseins, oder wehren Sie sich gegen den Schlaf und versuchen Sie, die Augen so lange wie möglich offen zu halten, bis der Schlaf schließlich die Oberhand gewinnt. Sie werden sehen, das Einschlaferlebnis übertrifft selbst die kräftigste Hühnerbrühe. Welche von beiden Methoden Sie bevorzugen, das herauszufinden überlasse ich Ihnen. Wenn Sie bei dieser Übung bereits bettfertig sind, gut so, falls nicht, begehen Sie auf keinen Fall den Fehler, sich noch unbedingt umziehen zu wollen, das ist, als wenn man die Hühnerbrühe kalt werden läßt, der ganze Genus entschwindet.

Bei den Tips für die Hauptspeise fasse ich mich kurz, da ein jeder, der sich schon mal ernsthaft für guten Schlaf interessiert hat, diese Tips aus einschlägigen wissenschaftlichen Arbeiten kennt, sie sind nur schwer mit der Kraft des Geistes zu beeinflussen: Zimmertemperatur, Größe des Kopfkissens, etc.

Nun denn, zur Nachspeise, zum Dessert. Wie bei einem Menü kann man hierbei Süßes und Pikantes verbinden. Das Dessert ist übrigens auch der Grund, warum Langschläfer morgens schlecht drauf sind, namentlich Morgenmuffel. Es ist nicht etwa so, daß den Morgenmuffeln die wache Welt nicht gefällt, vielmehr kosten sie noch die letzten Reste der Nachspeise aus, von der sie meist unsanft weggerissen wurden.

Die süßeste Nachspeise ist die, morgens von selbst aufzuwachen und anstatt sich zu überwinden, aufzustehen, sich noch einmal in die süßen Gefilde des Schlafes zu begeben, der dann allerdings kein richtiger Schlaf mehr ist, sondern eher ein bewußter Halbschlaf, in dem man seine Umwelt wie Träume unbewußt wahrnimmt. Es ist wie in einen Tunnel hineinzufahren. Man sieht nicht viel, weiß aber doch genau wo man ist. Nach so einer Nachspeise kommt es oft vor, daß der Schläfer übernächtigt ist und sich in wachem Zustand schlecht fühlt. Dies passiert jedoch nur dann, wenn er sich an dem Dessert wie an einem guten Wein zu sehr berauscht, die richtige Menge führt zu höchstem Entzücken, nimmt man zuviel, hat dies ein Nachspiel.

Eine nicht ganz an diese Genüsse heranreichende Möglichkeit ist – im Gegensatz zu der oben genannten, die ja nur geeignet ist, wenn man den Vormittag zur Verfügung hat – auch durch die Woche zu realisieren. Man stelle zunächst seinen Wecker auf eine halbe bis dreiviertel Stunde vor den eigentlichen Aufstehzeitpunkt. Hier ist jedoch Vorsicht geboten: Es sollte möglichst ein Radiowecker sein, da dieser sich meist alle paar Minuten meldet oder ein Wecker mit zwei Weckzeiten, ansonsten läuft man Gefahr, zu verschlafen, wie ich aus eigener Erfahrung berichten kann. Ferner muß man auf den Zeitpunkt des Zubettgehens achten, ansonsten ist es hier wie beim Kochen: Zu lange verfälscht den Geschmack, zerstört ihn gar, zu kurz verhindert das vollständige Garen. Trifft man jedoch den richtigen Zeitpunkt, kommt das Erlebnis dem oben genannten nahe. Leider erfordert die Ermittlung des richtigen Zeitpunktes eine gewisse Kalkulation, um herauszufinden, wie lange der Schlafrhythmus ist, von der REM-Phase bis zum Tiefschlaf. Beim durchschnittlichen Menschen (der übrigens von der Wissenschaft immer noch nicht identifiziert wurde) dauert diese Phase etwa 90 Minuten. Hinzu kommt, daß zudem eine gewisse Übung erforderlich ist, um die Einschlafphase so mit dem Dessert zu verbinden, zeitlich gesehen, daß beide Teile zusammengenommen den Gesamtgenuß ergänzen und verfeinern.

Um also eine gelungene Nacht zu erleben, muß man, wie ein Koch, nicht nur die ideale Kombination und Menge der Zutaten kennen und beherrschen. Timing, Atmosphäre und viele weitere kleine Dinge tragen zum Gesamteindruck bei und wollen auf einander abgestimmt sein. Dazu muß alles bis aufs kleinste Detail vorbereitet sein. Hinzu kommt, daß ein Koch meist einige Geschmäcker auf einmal befriedigen kann, während beim Schlaf nur eine Kombination für jeden einzelnen zum höchsten Genus führen kann. Um diese Kombination zu finden, bedarf es viel Ausprobierens, verbunden selbstverständlich mit vielen Mißerfolgen und Enttäuschungen.

Auch ich kann bei weitem noch nicht behaupten, mir meinen Stern verdient zu haben, ich bin vielmehr, um die Metapher beizubehalten, ein begeisterter Hobbykoch. Da auch ich jedoch noch viel zu lernen habe und man stets in Übung bleiben muß, bleibt für mich nur noch eines zu sagen:

Angenehmen Schlaf und eine gute Nacht.

# Sex

Die Studentenzeit ist die einzige Zeit im Leben eines Menschen, in der er tatsächlich Sex hat. Für diese Tatsache gibt es einen simplen, logischen Beweis.

Als Student befindet man sich in einer der folgenden zwei Modi: Entweder man hat eine/n Freund/in oder nicht. Hat man keine/n Freund/in, ist die Studentenzeit die Zeit, in der man mit möglichst vielen wechselnden Partnern soviel wie möglich ausprobieren möchte. Der wechselnde Partner befindet sich natürlich in der gleichen Situation und daher ist es diese Zeit, in der man Sex hat, sonst nicht.

Hat man eine/n Freund/in, gilt oben gesagtes ebenso: Man ist jung und der Partner natürlich auch, und daher hat man Spaß am Experimentieren und hat im Gegensatz zu den partnerlosen Studenten noch dazu den Vorteil, ein regelmäßiges Sexleben zu führen, während die Partnerlosen für sich in Anspruch nehmen können, etwas mehr Abwechslung zu haben. Von einzelnen Spezimen, die beides genießen, wollen wir jetzt aus moralischen Gründen und aufgrund der Tatsache, daß dieses Buch auch an Theologiestudenten verkauft werden soll, nicht näher reden.

Der Vollständigkeit halber will ich jetzt noch die Gründe aufzählen, aus denen man zu anderen Lebenszeiten keinen Sex hat.

Zunächst einmal die Zeit, in der man jünger ist: Bis zur Pubertät gibt es da einige biologische Beschränkungen und alles was danach kommt, darf höchstens als vorsichtiges Herantasten an die Materie betrachtet werden und nicht als Sex. Allerdings sind meine Erfahrungen in der Materie schon etwas länger her und was ich so von der heutigen Jugend berichtet bekomme...

Wie auch immer, das Alter: Ab einem bestimmten Alter spielt irgendwann die Prostata nicht mehr mit, aber auch wenn der Mensch bis in hohe Alter, theoretisch gesehen, zum Sex fähig ist, gibt es eine Sache, die den Sex ein für allemal zum Erliegen bringt: Die EHE. Abkürzung für Errare humanum est. Sie reduziert den Sex auf gewöhnlichen Beischlaf und bringt somit das Sexleben eines jeden Menschenlebens zum sofortigen Erliegen.

Ich rate daher, bis zum 54. Lebensjahr Junggeselle oder –Gesellin zu bleiben und sich dann damit abzufinden. Zwar wird es in dem Alter immer schwieriger, Gleichgesinnte zu finden, aber aus Erzählungen weiß ich, daß man dann auch auf verheiratete Individuen ausweichen kann, die ihr Sexualleben zumindest für eine kurze Zeit wiederbeleben wollen.

Bevor es zu diesem Sexualleben der Studenten kommt, laufen natürlich noch etliche Balzrituale ab, die in der Natur einzigartig sind und daher einer besonderen Beschreibung bedürfen.

Es gibt verschiedene Orte, an denen die Balzrituale der Studenten praktiziert werden, die da wären: Die Vorlesung (einer der wenigen Gründe, um zu einer Vorlesung hinzugehen), das Kaffeetrinken nach der Vorlesung (hier bitte das  entsprechende Kapitel lesen, an dieser Stelle werde ich nicht mehr näher darauf eingehen), die abendliche Kneipe, der abendliche Club und, last but not least, die abendliche Studentenparty.

In der Vorlesung läuft das Balzritual ähnlich ab wie früher auf dem Gymnasium. Mann und Frau sitzen nebeneinander. Der Anfang kommt immer vom Mann (obwohl die Studenten in den späten sechziger Jahren Vorreiter der Emanzipationsbewegung waren, sind sie doch im Grunde ihres Herzens alle erzkonservativ).

Eine völlig harmlos erscheinende Frage leitet das Ritual ein, wie etwa: Hast Du den SPIEGEL schon durchgelesen? (Alle Studenten lesen SPIEGEL, wer hat sonst schon die Zeit, so viel Text auch wirklich durchzulesen – übrigens der Grund, warum die Bildzeitung bei Studenten so verpönt ist. Zu wenig Text). Ist die Antwort positiv, schnappt sich der Mann die Zeitschrift und liest, während er in Gedanken die Strategie durchgeht. Er greift dann aller Wahrscheinlichkeit nach einen Artikel auf, von dem er davon ausgeht, daß sie ihn gelesen hat und gibt einen Kommentar ab. Daraufhin stimmt sie entweder zu und beide haben eine Gemeinsamkeit gefunden oder sie ist anderer Meinung, woraufhin eine heftige Diskussion entbrennt und – auch bei einer Vorlesungsstärke von mehreren hundert Studenten – sich irgendwann der Professor in seinem Halbschlaf gestört fühlt und die beiden zur Ordnung ruft. In dem Moment haben sie natürlich wieder eine Gemeinsamkeit, nämlich die gemeinsame Übertretung der Vorlesungsordnung (AVoLeO). Von hier an gibt es zwei Möglichkeiten: Entweder man verabredet sich zur Nachbearbeitung des Themas zum Kaffeetrinken (wie es dann weitergeht – siehe Kapitel „Kaffeetrinken – die soziale Komponente") oder man verabredet sich in etwas gemütlicherer Atmosphäre, ebenfalls zur Nachbearbeitung. Da dies meine Lieblingsabwandlung des Balzrituals ist, möchte ich hier nun etwas genauer drauf eingehen.

Etwas gemütlichere Atmosphäre, das heißt man trifft sich bei ihr oder bei ihm in der Studentenbude. Hierzu sollte man übrigens erwägen, vielleicht doch mal zur Abwechslung aufzuräumen. Auch sich Waschen wäre nicht unbedingt eine schlechte Idee, für

Männer: Rasieren kommt bei Frauen auch gut an. Hat man es dann geschafft, den Angebeteten oder die Angebetete dazu zu überreden, einzutreten, ist die halbe Miete schon gewonnen. Mein Vorschlag für den weiteren Ablauf lautet dann so: Kaffee machen. Oder Tee. Oder was auch immer, auf jeden Fall zunächst am Küchentisch oder am Schreibtisch, wichtig ist, daß noch ein wenig Distanz herrscht. In dieser Zeit – während des ersten Kaffees/Tees – sollte man ausloten, ob das Gegenüber wirklich nur hübsch/gutaussehend ist und man deswegen in der Vorlesung so begeistert war, oder ob man zumindest in einigen Punkten auf einer gleichen oder ähnlichen Wellenlänge schwimmt. In diesem Falle sollte man zu Phase zwei übergehen. Diese kann entweder am gleichen Tag stattfinden oder man vertagt sich, was in manchen Fällen anzuraten wäre. Besonders Männer neigen dazu, das Ganze überstürzt anzugehen, was häufig zum Mißerfolg führt, weil Frauen den Gegenüber häufig erst besser kennenlernen wollen. Warum auch immer.

In Phase zwei sollte man ruhig etwas intimere Gefilde wählen, wie z.B. ein Kino. Übrigens ein todsicherer Tip, Armlehnen in Kinosälen sind immer zu schmal und eine kleine, unachtsame Berührung…aber das wird vielen Studenten bekannt sein, man war ja schließlich auch mal Teenie. Dieser Hinweis war jetzt nur für Informatiker und Mathematiker.

Wählt man wieder die sichere Burg des eigenen Zuhauses, sollte man vielleicht zu einem Videoabend o.ä. laden. Spieleabende eignen sich hingegen nicht, es sei denn, es sind mehrere Personen anwesend und man kann neben der Dame/dem Herrn seines Herzens Platz nehmen und sie ist alleine dort und keiner der sonst Anwesenden fährt in die Richtung wie sie/er. Also: Spieleabend nur dann, wenn an anderem Ort und wenn man sie/ihn dann später nach Hause begleiten kann.

Hat man es dann geschafft, neben der angebeteten Person zu sitzen, kann man durch gelegentliche Berührungen, Blicke, Worte einiges in Gang setzen, besonders die Hormonproduktion. Und wenn dann alle anderen gegangen sind, reichen oft wenige Minuten, um aus dem Nebeneinander-Sitzen eine innige Umarmung oder einen Kuß zu machen. An dieser Stelle noch mal der Hinweis: Frauen stehen auf Geduld. Deswegen, liebe Männer, haltet euch zurück, es lohnt sich.

Die dritte Phase ist dann nicht mehr ganz so wichtig, zwar spannend, aber ich muß leider jugendfrei bleiben.

# Sport

Studenten sind ja von Natur aus faul. Weswegen sich jetzt viele wundern mögen, was dieses Kapitel hier eigentlich verloren hat. Nun denn zur Erklärung: Studenten sind faul, richtig. Andererseits zählt Sport eindeutig zur Sparte „Vergnügen" und alles was damit zu tun hat, hat Studenten schon seit jeher zu Höchstleistungen animiert. Hinzu kommt, daß das System des Hochschulsports einzigartig in seiner Abstraktion ist und alleine deswegen schon hier eine Erwähnung verdient hat. Aus diesem Grunde verzichte ich jetzt auch darauf, Individualsportarten wie Joggen, Inlineskaten und Fußball aufzuführen, und Sex steht ja bereits an anderer Stelle.

Zum Hochschulsport: Jede Universität besitzt diese Einrichtung, die meisten haben sogar eigene Turnhallen, und das schöne ist, daß fast jede Sportart, die irgendein Verrückter sich mal ausgedacht hat, als er mit der Bratpfanne einen Ball versucht hat zu schlagen, angeboten wird. Das Problem bei der Sache ist allerdings, daß bestimmte Sportarten beliebter sind als andere. Da an deutschen Universitäten nun mal zig-tausende Studenten studieren, führt dies unweigerlich dazu, daß einige Sportarten hoffnungslos überfüllt sind. Um dem beizukommen, haben sich die Rektoren der Universitäten ein teuflisches Spiel ausgedacht.

Die Spielregeln:

Teilnehmeranzahl: beliebig viele, wichtig ist, daß die Zahl der zu vergebenden Plätze höchstens ein Promille der Teilnehmeranzahl beträgt.

Ziel des Spiels: Einen Platz für eine Stunde pro Woche Volleyball, Basketball oder Hallenhalma zu bekommen.

Ablauf des Spiels: Zunächst werden die Teilnehmer an einen beliebigen Ort bestellt, der möglichst weit weg von der Universität und sonstigem zivilisierten Leben entfernt liegt. Darf auch gerne eine Turnhalle sein. Dort werden dann Nummern oder Lose verteilt. Jeder erhält selbstverständlich nur ein Los. Wer nicht rechtzeitig kommt, hat sowieso Pech gehabt, die Lose werden nur fünf Minuten lang verteilt. Dabei sitzen höchstens zwei Spieler der Bank (in dem Fall also Hiwis der Uni) vor Ort und verteilen die Nummern/Lose. Ist dann erst ein Bruchteil der Teilnehmer mit Losen versorgt, hat der Rest eben verloren und darf wieder nach Hause gehen.

Sind die Nummern verteilt, beschäftigen sich die Spieler der Bank zunächst stundenlang mit Nebensächlichkeiten, ohne sich irgendwelche Beschwerden der ausgegrenzten Teilnehmer anzuhören, oder alternativ mit einem breiten Grinsen dort zu sitzen und zu erklären: „Pech gehabt, so sind die Regeln. Hättest halt früher hier sein müssen." (Hier erweitert sich das Grinsen von Ohr zu Ohr).

Nachdem die im Rennen verbliebenen Teilnehmer dann stundenlang ausharren mußten, werden die Lose gezogen. So wird ermittelt, wer das Glück haben wird, einmal in der Woche den geheiligten Boden der Universitätsturnhalle betreten zu dürfen. Alsdann werden die restlichen Teilnehmer auf das nächste Jahr vertröstet oder dazu aufgefordert, es mal mit Faustball zu probieren, da wären noch Plätze frei.

Gewinner ist dementsprechend derjenige, der ein Los ergattert hat.

Von Computerspielen kennen wir ja den Trick mit Schummeltricks vorher verraten und so. Deswegen für dieses Spiel ebenfalls ein paar hilfreiche Schummel-Tips:

1. Schnappe dir möglichst viele Freunde, die allerdings keinen Sport machen wollen und nimm sie mit zur Verlosung. Auf diese Weise hat man mehrere Lose zur Verfügung. Vorsicht: viele Unis sind dazu übergegangen, die Plätze namensgebunden zu vergeben, daher ist dieser Tip nicht immer möglich. Außerdem solltest Du den Freunden blind vertrauen können, sonst nehmen sie den Platz am Ende selbst wahr oder verkaufen ihn an den Meistbietenden.

2. Vergiß die Verlosung. Warte einfach zwei bis drei Wochen, dann werden die Kurse automatisch leerer und quasi jeder kann mitmachen. Das liegt daran, daß Studenten Sport zwar normalerweise zum Vergnügen rechnen würden, durch die strenge Platzvergabe und die normierten Zeiten kommt aber oft der Verdacht auf, daß es sich um vorlesungsähnliche Veranstaltungen handelt, zu denen sich der Student ja bekanntermaßen nie verirren würde. Erschwerend kommt hinzu, daß die „Übungsstunden" oft zu Zeiten angesetzt werden, an denen der normale Student noch selig im Bettchen weilt (gegen 15 Uhr).

Noch eine Bemerkung am Rande: Das Spiel ist prinzipiell geeignet für alle studentischen Altersgruppen, wobei meistens jedoch jüngere Semester dort anzutreffen sind. Die Älteren wissen Bescheid und bemühen sich erst gar nicht.

# Urlaub

So unglaublich es auf den ersten Blick scheinen mag: Auch Studenten haben bzw. fahren in Urlaub. Allerdings ist es nur auf den ersten Blick unglaublich. Deutsche Studenten sind ja sowieso in der einzigartigen Position, sechs Monate im Jahr vorlesungsfreie Zeit zu haben. Viele schreiben zwar gerade dann Klausuren, aber auch diese ziehen sich meist nur in die ersten Wochen dieser vorlesungsfreien Zeit hinein. Jetzt denkt sich so mancher Arbeitnehmer sicher: sechs Monate frei, ein Traum. Aber, liebe Leser, für Studenten ist das keineswegs ein Traum. In der vorlesungsfreien Zeit werden viele nämlich von ihren Eltern dazu gezwungen, zu arbeiten. Und somit ist die vorlesungsunfreie Zeit wesentlich angenehmer für den normalen Studenten, da man sich nur dann dem Müßiggang des Studentenlebens hingeben kann. Selbst für die Studenten, die nicht gezwungen sind zu arbeiten, besteht kein großer Unterschied. Ob man nun erst am Mittag aufsteht und die Vorlesung sausen läßt oder ob es gar keine Vorlesung gibt, ist eigentlich egal. Aber ich wollte vom Urlaub reden.

Auch Studenten brauchen mal eine Auszeit vom harten Studentendasein und schließen sich Millionen von Deutschen an, die jedes Jahr dem scheußlichen Wetter im Heimatland entfliehen wollen und sich ins Ausland absetzen. Zwischen Studenten und Otto Normalverbraucher besteht allerdings ein gewaltiger Unterschied: Studenten können in der Nebensaison fahren und bezahlen so wesentlich weniger als Otto Normalverbraucher, der oft darauf angewiesen ist, in der Hauptsaison zu fahren. Ein weiterer Unterschied: Otto Normalverbraucher nutzt seinen Urlaub dazu, Kraft zu tanken, in Ruhe gelassen zu werden und – neudeutsch – zu relaxen. Der Student dagegen tankt während des Studentenalltags Kraft für den Urlaub, um dort dann so richtig aufzudrehen. Ob Skifahren, Strandbräunen oder Stadtlatschen, es gibt eigentlich nur zwei Varianten des Studentenurlaubs. Die eine ist relativ langweilig: Ein Studentenpärchen fährt in Urlaub. Langweilig ist vielleicht übertrieben, aber der nicht langweilige Teil ist leider nicht jugendfrei und daher verzichte ich darauf, diesen hier wiederzugeben.

Die andere ist dagegen nicht ganz so langweilig, aber ich werde auch hier nicht großartig darauf eingehen, da der Ablauf eines Urlaubs dieser Art mehr oder weniger im Kapitel „Parties" beschrieben ist. Oder jeden Abend auf RTL II verfolgt werden kann.

Zusammenfassend kann man sagen, daß Studenten erst später, wenn sie einmal anfangen sollten zu arbeiten, den wahren Wert des Urlaubs kennenlernen, der für einen jeden Arbeitnehmer etwas mehr bedeutet, als das, was man schon zuhause macht, an einem anderen Ort fortzusetzen.

# Vorlesungen

Obwohl Vorlesungen im Normalfall nur einen kleinen Teil der Zeit eines Studenten in Anspruch nehmen, sind sie es doch allemal wert, über sie zu berichten. Um zunächst den Begriff für diejenigen zu erklären, die ihn nicht kennen, und dazu gehören auch und vor allem die sogenannten aktiven Studenten: Vorlesungen sind Veranstaltungen der Universität, in der man das Wissen vermittelt bekommen soll, das einen später dazu befähigt, anderen Leuten etwas zu erzählen, das sie schon wissen, ohne zu merken, daß sie es schon wissen. Das klingt sehr kompliziert und dementsprechend sind die Gestaltung der Vorlesung wie auch die Inhalte sehr kompliziert, und es gehört viel Arbeit, Studium und Disziplin dazu, sie zu bewältigen und das Studium mit einem vernünftigen Abschluß zu beenden (Nicht umsonst ist die wörtliche Übersetzung von „Studieren" „eifern"). Soviel zur Theorie.

Früher mag es tatsächlich so gewesen sein, die Realität sieht heute etwas anders aus.

Zunächst einmal sind die Vorlesungssäle heutzutage entweder zu klein oder zu groß, um die Anzahl der Studenten aufzunehmen, die der Vorlesung folgen wollen. Zu groß bei so exotischen Fächern wie „Ägyptologie" oder „Neue Deutsche Wissenschaft der sozialen Psychologie bei der Ökologie der Ornithologie". Oder so. Diese Fächer wollen nämlich meist nur so wenige Studenten studieren, daß selbst eine Abstellkammer als Vorlesungsraum noch zu groß wäre.

Zu klein sind allerdings auch die größten Säle, wenn klassische und in der heutigen Leistungsgesellschaft

112

sehr wichtig – zu wichtig – genommene Fächer wie Wirtschaftswissenschaften auf den Stundenplänen stehen. Dann ist man als Student gut bedient, schon am Abend vorher, besser jedoch Tage vorher, in der Nähe des Saals zu kampieren, um sicherzugehen, noch einen Stehplatz zu bekommen. Wie gesagt, dies gilt nur für den Fall, daß man sich die Vorlesung auch wirklich antun will. Als Tip sei jedoch bemerkt, daß man sich dies gut durch den Kopf gehen lassen sollte, da Vorlesungen in den meisten Fällen wesentlich schlechter als ihr Ruf sind. Es gibt zum Beispiel nur wenige Professoren, die in ihren Lesungen tatsächlich etwas neues hinzuzufügen haben bzw. etwas zu erzählen haben, das in ihren Büchern nicht schon vermerkt ist. Was man schnell merkt, wenn man sich auf eine Vorlesung vorbereitet hat.

Die Tatsache, daß trotzdem so viele Studenten den Weg in die Vorlesung finden, ist daher wahrscheinlich entweder dem Umstand zu verdanken, daß sie sich nicht vorbereitet haben und eine Vorlesung auch nicht nachbereiten oder, um es deutlich zu sagen, das Buch nicht kennen, aus dem der Professor vorliest und auch nie oder vielleicht frühestens kurz vor der Abschlußprüfung kennenlernen werden. Die andere Möglichkeit ist die, daß Studenten einfach nichts besseres zu tun haben, als sich in die Vorlesung zu setzen. Diese Möglichkeit ist in der Tat die wahrscheinlichere und auch der Hauptgrund für den oben genannten Andrang, was jedoch nicht heißen soll, daß erstere Möglichkeit nicht zutreffend ist, im Gegenteil. Trotzdem wollen wir uns in der Betrachtung der zweiten Möglichkeit zuwenden, also der Tatsache, daß Studenten nichts besseres zu tun haben, als sich in die Vorlesung zu hocken. Angesichts der dort offenbar herrschenden, chaotischen Zustände ist das für einen Außenstehenden wahrscheinlich nur schwer zu verstehen, bei näherer Betrachtung jedoch nicht mehr so unlogisch, wie es zunächst erscheint. Zunächst mal wird jeder, der mal eine längere Zeit nichts zu tun gehabt hat (und damit sind nicht eine oder zwei Wochen gemeint, sondern mehrere Monate) zustimmen, daß Nichtstun in der Tat keine dauerhafte Beschäftigung sein kann. Erst recht nicht, wenn andere Leute zur gleichen Zeit etwas zu tun haben. Da kann selbst das bei steigender Zahl der Kanäle immer mehr an Qualität abnehmende Fernsehen nur eine kurzzeitige Abwechslung bieten. Auf jeden Fall zieht es daher die meisten Studenten, die ja von Natur aus wenig zu tun haben, zu dem Ort, der per Definition ihre Anlaufstelle ist, die Universität. Dies ist auch das einzige Phänomen, das die Wissenschaft bei der Betrachtung der Spezies „Student" noch nicht aufklären konnte, wäre es doch für die Studenten wesentlich angenehmer, sich an anderen Örtlichkeiten zu treffen als den meist staubigen und ungemütlichen Universitäten. Wie dem auch sei, die Uni – und damit die Vorlesungen – ist der Anziehungspunkt der meisten Studenten. Diese verfolgen durch den Besuch der Vorlesungen jedoch nur selten bildungsspezifische Zwecke, sondern meistens rein egoistisch-sozial angehauchte Ziele. Die Vorlesung ist nämlich ein hervorragender Ort, um verschiedene Dinge zu tun, die man in der „Bude" meist nicht oder nur schwer durchführen kann, wie z.B. schlafen, Romane lesen, Leute kennenlernen. Das sorgt natürlich für eine Aufmerksamkeitsquote in der Vorlesung, die gegen Null tendiert. Nur den noch unaufmerksameren Professoren, die zumeist so sehr mit sich und ihren außergewöhnlichen Kenntnissen des gerade vorgetragenen Themas beschäftigt sind, daß sie nur selten merken, daß ihnen eigentlich kein Schwein zuhört, ist es zu verdanken, daß die Vorlesungen als Veranstaltungen wie auch die Universitäten als Institutionen noch nicht als völlig unrentabel und ineffizient abgeschafft wurden. Aber zurück zu den Studenten.

Obwohl, wie oben ja bereits beschrieben, der Vorlesungssaal der denkbar ungeeignetste Ort ist, um beispielsweise Leute kennenzulernen (Immerhin erzeugt man einen gewissen Geräuschpegel, der manche Leute aus so wichtigen Dingen wie dem neuen „Grisham" oder einem angenehmen Traum rausreißen könnte), steht er doch bei den Studenten auf der Liste der beliebtesten Treffpunkte immer wieder an Nummer 1.

Die Ursache hierfür ist so differenziert wie die Gründe der Studenten, überhaupt in die Vorlesung zu kommen. Zum Beispiel der Student, der schlafen will. Wäre dies in seinem eigenen, heimischen Bett nicht viel bequemer? Nun, vielleicht. Allerdings wohnen viele Studenten in WGs, in denen man vielleicht vor lauter Party gar nicht mehr zum Schlafen kommt und in denen immer ein gewisses Tohuwabohu herrscht. Da bietet sich der Vorlesungssaal als Schlafstätte geradezu an, da der zwar immer vorherrschende, aber durch seine Gleichmäßigkeit auch beruhigende Geräuschpegel der durcheinanderbrabbelnden Kommilitonen plus der sich ein wenig hervorhebenden „Stimme unseres Herrn" (des Professors), ein exzellentes Geräuschkissen zum Einschlafen bietet. Zudem existieren ja auch einige ungeschriebene Gesetze unter Studenten, von denen eins besagt, daß man einen schlafenden Studenten nicht behelligen soll.

Ein anderer Grund, in die Vorlesung zu gehen, wäre auch die Tatsache, daß man hier, aus den eben erwähnten Gründen der angenehmen Geräuschkulisse, sich einfach besser konzentrieren kann als zuhause, wo der Nachbar gerade mal wieder die Bohrmaschine angeschmissen hat oder wo die Kinder von gegenüber vor der Haustür mal wieder einen tierischen Lärm veranstalten.

Natürlich wird gerüchteweise auch von Studenten erzählt, die sich die Vorlesungen wirklich antun, um zuzuhören. Diese sitzen jedoch meistens in den ersten Reihen und stören weder die anderen Studenten noch den Professor sonderlich.

Hervorragend eignet sich eine Vorlesung übrigens auch dazu, um Verabredungen für den Abend zu treffen, sei es nun mit seinen Freunden, die im Gewühl der Party am vergangenen Abend mal wieder verloren gegangen waren, oder mit der/dem Mädchen/Jungen, das man schon immer so toll fand und die/den man immer schon mal ansprechen wollte, sich aber bis jetzt nie getraut hatte (man wird sich vermutlich auch dieses Mal nicht trauen, aber so findet man eben jeden Tag aufs Neue den Weg in die Vorlesung – wer hat noch gleich behauptet, ohne Hoffnung wäre vieles in der Gesellschaft nicht vorstellbar?).

Beizeiten kann man sogar den Vorlesungsraum zur Partyzone erklären und dort verbotenerweise Alkohol konsumieren. Solche Verhaltensweisen kommen aber zumeist nur nach Klausuren oder ähnlichem vor oder bei Individuen, die einfach nichts besseres zu tun haben (Na ja, vielleicht kommt es doch häufiger vor als ich hier bereit bin zuzugeben). Zudem werden auf solche Verhaltensweisen Professoren leichter aufmerksam, was daran liegen mag, daß bei gesteigertem Alkoholkonsum – wie ja allgemein bekannt ist – das Lungenvolumen wächst und somit auch die Lautstärke der Stimme ansteigt. Und leider sind nicht, wie oft behauptet wird, alle Professoren taub (aktuelle Untersuchungen geben eine Zahl von

53 Prozent, wobei diese Untersuchungen jedoch sowohl von Studenten als auch von Professoren heftig kritisiert wurden – aus verschiedenen Gründen, selbstredend).

# Video

Für Studenten dient ein Video hauptsächlich zur Überbrückung. Das ist ein sehr allgemeines Statement, und muß auch dementsprechend erklärt werden.

Ein Videoabend wird von Studenten nicht sehr häufig durchgeführt und wenn, dann nur zur Überbrückung, wobei hier zwei Arten der Überbrückung unterschieden werden müssen: Erstens die Überbrückung der Zeit bis zur Party am gleichen Abend oder zweitens die Überbrückung bis zum nächsten Abend, an dem Party ist.

Zunächst zur Überbrückung letzterer Art. Videoabende solcher Art können oft exzessiv werden, da hier manchmal mehrere Videos geguckt werden oder viele Leute anwesend sind und das ganze schon in eine Art Party ausartet. Wie es letztendlich wird, hängt stark vom Film, aber natürlich auch von den Leuten ab.

Videoabende der ersten Art dagegen sind meistens kürzer und meist auch mit weniger Gästen, da es sich hier oft um sogenanntes „Warmmachen" handelt, das heißt man stimmt sich seelisch und körperlich auf die folgende Party ein. Seelisch kann das durch einen Film sein, der zum Motto des Abends paßt, körperlich sind meist irgendwelche Drogen gemeint, am populärsten ist da wohl Alkohol. Weniger ausschweifend sind solche Abende deswegen, weil man sich auf der einen Seite einen Teil der Nüchternheit für die Party aufheben will und andererseits nicht zu viele Gäste anwesend sein dürfen, da sonst die Gefahr besteht, zu versacken und die Party völlig außer acht zu lassen.

Wichtig ist bei studentischen Videoabenden natürlich der Film. Im Gegensatz zum durchschnittlichen Videokonsument sind es bei Studenten nicht die Bestseller und Neuerscheinungen, sondern vielmehr die sogenannten „Kultfilme", die die Aufmerksamkeit der Studenten erregen. Zu diesen Kultfilmen gehören neben den allgemein anerkannten Kultfilmen jedoch auch eine große Anzahl studentenspezifischer Kultfilme, die eigentlich kein Schwein sehen will – außer Studenten eben.

Ein wichtiges Kriterium für die Auswahl eines Kultfilmes ist auch das Geschlecht.

So werden Männer im allgemeinen andere Kultfilme nennen als Frauen. Um dies an einem Beispiel zu erläutern: Die Terminator-Filme werden im allgemein von fast jedem Mann als Kult angesehen, was nur wenige Frauen bejahen würden, während für die meisten Frauen „Dirty Dancing" zu den absoluten Kultfilmen zählt, ein Film, den die meisten Männer einfach nur als Schnulze betrachten würden.

Auf studentischen Videoabenden ist die Zahl der Besucher, wie eingangs bereits erwähnt, oft sehr groß. Dies hängt hauptsächlich damit zusammen, daß nur wenige Studenten einen Videorecorder besitzen und daher der Zulauf bei Leuten, die einen besitzen, entsprechend groß ist. Leider ist aufgrund der schmalen Geldbörsen der Studenten oft auch der Fernseher eher klein, was bei vielen Gästen oft für Probleme beim Zusehen sorgt. Dafür steigt die Stimmung meist proportional zu der Anzahl der Gäste. Da studentische Videoabende oft auch in Parties ausarten bzw. schon als solche organisiert werden, sind gerade zu solchen Gelegenheiten die merkwürdigsten Verhaltensweisen bei Studenten zu beobachten. So hat man gerüchteweise von Videoparties gehört, bei denen viel Reis in der jeweiligen

Wohnung verteilt wurde oder auch solche, bei denen alle Gäste in schwarzen Anzügen und mit Sonnenbrille erschienen, letzteres Phänomen ist übrigens in der jüngsten Vergangenheit wieder gehäuft zu beobachten.

Aber auch bei „normalen" Videoabenden ist die Organisation im Vorfeld und während des Abends immens wichtig.

Im voraus organisiert werden wollen zum Beispiel die Getränke. Bei „männlichen" Videoabenden ist das – ganz klar – Bier, es sei denn, man macht vielleicht einen „Paten"-Abend, bei dem auch ruhig Whiskey und Longdrinks gereicht werden können (und natürlich Kaffee – die Pate-Trilogie dauert länger als acht Stunden). Wichtig ist, das es sich vorzugsweise um Dosenbier handeln sollte. Zwar ist Flaschenbier auch akzeptabel, aber Dosenbier gehört einfach dazu. Bei Frauen ist die Art der Getränke nicht so genau festzulegen. Bevorzugt werden bei den meisten Frauen Wein oder irgendwelche aus Likören zusammengemixte Phantasiegetränke. Diese sind jedoch oft gefährlich, weil man oft bei längeren Filmen schon weit vor dem Ende völlig betrunken schlapp macht.

Bei beiden Geschlechtern gleichermaßen wichtig ist das Essen. Allerdings ist selbiges bei Frauen seltener gebraucht, da Frauen meist so umsichtig sind und schon vorher gegessen haben oder sowieso glauben, auf ihre Figur achten zu müssen. Falls es aber doch Essen gibt: Nie selber anfangen zu kochen. Das würde dem Sinn eines Videoabends widersprechen. Entweder man guckt Video oder man kocht, beides zusammen geht nicht. Die naheliegende Lösung für dieses Dilemma ist selbstverständlich Pizza. Dabei sind sowohl Tiefkühlpizza erlaubt, als auch die bei Studenten so beliebten

Bringpizzen. Ersteres hat den Nachteil, daß man bereits vorher einkaufen gehen muß und zudem bei einer etwas größeren Anzahl von Leuten der Ofen meist zu klein ist und dementsprechend alle nacheinander essen müssen, was einfach ungesellig ist. Letzteres ist zwar teurer, dafür können alle gemeinsam und zeitgleich die Pizza verzehren und es schont zudem Geschirr und Besteck. Auf den Geschmack des Essens kommt es dabei weniger an (siehe Kapitel „Essen").

Wünschenswert für einen gelungenen Videoabend wäre die eine oder andere Tüte (Chips). Das erfreut die anderen Gäste immer sehr und trägt auch viel zur Kurzweiligkeit bei („Könnt Ihr nicht leiser rascheln, ich versteh nix!"). Wenn dann alle Gäste gemütlich, völlig entspannt und satt sich auf dem Sofa räkeln, weiß man, das man einen gelungenen Videoabend organisiert hat. Und genau in diesem Augenblick sollte man dazu drängen, endlich zur Party zu gehen oder die Gäste mit einer vorgeschobenen Ausrede rausschmeißen.

# Wohnung

Eines der wohl herausragenden Elemente eines Studenten ist der permanente Geldmangel, der jeden Studenten umhüllt wie der Nebel eines schönen Herbstmorgens den Hamburger Hafen (abgesehen von BWL-, Jura- und Medizinstudenten). Dieser Umstand begleitet den Studenten denn auch durch die Wohnungssuche. Die Traumwohnung eines jeden Studenten sieht etwa so aus: Penthouse-Wohnung, marmorverkleidete Wände und Säulen, drei Badezimmer, die von goldenen Wasserhähnen bis hin zu elfenbeinernen Kloschüsseln und Whirlpool nichts missen lassen, eine Riesenküche, in der natürlich nicht der Student selber, sondern einer seiner vielen Diener werkelt, ein Riesenbett (Himmelbett, wer's mag), ein Wohnzimmer mit eingebauter Multimediawand, etc. pp. usw.

Soviel zur Theorie. Leider ist es in den wenigsten Städten heutzutage möglich, ein solches Ambiente mit einem Budget von höchsten 500 Mark (warm) pro Monat zu erhalten. Daher gibt der gemeine Student sich auch mit „weniger" zufrieden, wobei ich dieses Wort „weniger" hier mal genauer betrachte.

Da wäre als klassische Behausung eines Studenten zunächst mal das Studentenwohnheim. Studentenwohnheime sind meistens große, häßliche Hochbauten aus der Zeit, als man Schlaghosen (das sind die neueren Studentenwohnheime) und Tollen (das sind die älteren) noch für modisch hielt. Da Studenten meistens auch nicht unbedingt zu den reinlichsten Exemplaren der Gattung Mensch zählen, zeichnen sich Studentenwohnheime oft durch ein Flair aus, das bei jedem normalen Menschen vom Würgereiz bis hin zum Instantkoma verschiedenste Gefühle weckt (und in der Tat sind viele Eltern bereit, nach dem Besuch eines Studentenwohnheims den ein oder anderen Hunderter im Monat extra springen zu lassen). Ein weiteres Merkmal vieler Studentenwohnheime ist zudem die Tatsache, daß dort oft mehr verschiedene Nationalitäten miteinander wohnen als bei einer Generalsitzung der UNO. Obwohl es natürlich oft zu kulturellen Differenzen zwischen den Bewohnern eines Studiwohnheims kommen kann (selbige Äußern sich hauptsächlich in der Küche – „Igittigitt, wie kann man nur Froschschenkel essen", „Schweinefleisch ist auch nicht viel besser"), beweisen doch gerade diese Wohnheime, daß es durchaus möglich ist für verschiedene Nationalitäten friedlich miteinander zu leben.

Auch lernen kann man sehr gut in einem Studentenwohnheim. Aufgrund des permanenten Geräuschpegels (der übrigens zu einer Zeit, zu der Herr Meier und sein deutscher Schäferhund Bello seit Stunden im Bettchen lieben – äh, liegen, sorry –, seinen Höhepunkt erreicht) kann man leider für sein Studienfach nur schlecht lernen, dafür um so mehr über die menschliche Rasse – mit ein Grund, warum man in einem Studiwohnheim viele Soziologen findet, die auch oft nach ihrem Studium noch Jahre inkognito dort verbringen.

Da ist der Transvestit von nebenan, von dessen Stöckelschuhen man zunächst vermutet hatte, sie seien von seiner Schwester. Oder der Wolf-Dieter von gegenüber, den man in den letzten zwei Jahren kein einziges Mal zu Gesicht bekommen hat, weil er seitdem über seiner Diplomarbeit brütet. Abgesehen von den Polen, die zu dritt in einem Zimmer hausen. Oder der Afrikaner, zwei Zimmer weiter, der immer ganze Hähnchen kauft und auch verdrückt, aber kauft er nicht mehr, als er verdrückt? Und was passiert mit den anderen Hähnchen? Und wenn man mal einen flüchtigen Blick in sein Zimmer erhaschen kann, hockt da nicht irgendwo ein Schrumpfkopf auf dem Regal? Das schöne an diesem Beieinander der verschiedenen Nationen ist vor allem die Freiheit von Vorurteilen, die in solchen Wohnheimen herrscht.

Nun ja, man sollte sich mal ein Bild machen von einem typischen Wohnheim. Beim Betreten wirken solche Institutionen wie eine billige Absteige, bei der man die Rezeption vergessen hat. Wagt man sich weiter vor, findet man sich oft in Alcatraz wieder, mit der Ausnahme, daß ab und zu im Flur ein Teppich liegt, und vor den Fenstern keine Gitter hängen (mit Ausnahme des Erdgeschosses, wo die Gitter jedoch dazu dienen, niemanden hineinzulassen, nicht umgekehrt, wie im Knast). Auch die Zimmer sind immer nach demselben Schema aufgebaut. Zunächst ein kleiner Teil des Raumes, der wohl einen Vorraum darstellen soll, was ihm allerdings nie so recht gelingen will bei einer Gesamtgröße von ungefähr zwölf Quadratmetern. Dieser Vorraum ist je nach Luxus des Wohnheims (in einigen soll gerüchteweise jedes Zimmer mit einem eigenen Badezimmer ausgestattet sein) verschieden aufgeteilt. Hat man sich jedoch durch die unendlichen Weiten des Vorraums gekämpft, erscheint jedes Zimmer quasi (quasi ist ein schönes Wort, ich liebe es. Wird das jetzt nach der Rechtschreibreform eigentlich wie in Holland „kwasi" geschrieben?) gleich: Links ein Regal (noch billiger gemacht als die Möbel des berühmten „Idioten kaufen einfach alles" Discounters aus Schweden), und rechts das überaus großzügig gestaltete Bett, in dem man selbst als einzelne Person nur Platz findet, wenn man übereinander liegt. Wie das geht, lernt man entweder durch einen langen Aufenthalt im Studentenwohnheim, bei der Bundeswehr auf Übungen (Stichwort „Feldbett") oder als Elefantenmensch.

Na ja, die ganze Wahrheit ist das natürlich nicht. Gerüchteweise soll es auch Studentenwohnheime geben, die viel Platz bieten und sauber und neu sind. Allerdings dürfen nur ausgewählte Studenten dort wohnen, die Warteliste ist mindestens fünf Jahre lang (Was für einen deutschen Studenten natürlich nur die erste Hälfte des Studiums darstellt), und bis man es endlich geschafft hat, einen Platz zu ergattern, unterscheiden sich solche Wohnheime kaum noch von den Wohnheimen, die man kennt.

Eine zweite, weitverbreitete Art des Wohnens für Studenten sind Wohngemeinschaften, im allgemeinen Sprachgebrauch auch „WG" abgekürzt, böse Zungen behaupten, die korrekte Schreibweise ist „Weggeh", allerdings handelt es sich dabei nur um solche Leute, die auch tatsächlich mal in einer solchen Wohngemeinschaft gewohnt haben. Wohngemeinschaften zeichnen sich durch eine noch größere Unordnung aus, als es die Wohnheime tun, was daran liegen kann, das hier nicht, wie in den Studiwohnheimen, Putzfrauen ihren Dienst ableisten. Das heißt aber nicht – meistens jedenfalls, der Fall einiger Sozialpädagogen hat mich denn doch einmal vom Gegenteil überzeugt –, daß WGs unhygienisch sind. Das ist sogar bei vielen WGs eher unwahrscheinlich, aus mehreren Gründen. Da ist zunächst mal die Tatsache, daß es in jeder WG Regeln gibt, die das Zusammenleben auch dann möglich machen sollen, wenn völlig unvereinbare Typen miteinander wohnen, wie z.B. Männer und Frauen. Zu diesen Regeln gehört auch das, was man früher als Kind nur unter Androhung eines nachtischlosen Abendessens hingenommen hat: Arbeit im Haushalt. In jeder WG gibt es für jeden Mitbewohner eine Aufgabe, und damit eben nicht alles an einem hängen bleibt, bzw. damit so offensichtlich einmal die Woche durchzuführende Aufgaben wie Abwaschen nicht von fünf Leuten ausgeführt wird, werden auch für Studenten eher untypische Aufgaben in die Liste mit aufgenommen, wie Fegen, Saugen oder Kloputzen. Das führt also zu einer recht hygienischen Umgebung in einer WG. Leider sind nicht alle WGs so gut koordiniert und dort herrscht wahre Anarchie, der Abwasch wird dort z.B. gemacht, wann man will, der Kühlschrank ist nicht in separate Fächer eingeteilt, etc. Aber selbst dort ist es nicht unhygienisch. Und das hat den einfachen Grund, das in solchen anarchistischen Wohngemeinschaften per se mehr Parties stattfinden. Und obgleich viele Studenten zwar eine angeborene (angeboren in diesem Zusammenhang: seit dem Tag der Einschreibung) Abneigung gegen Saubermachen haben, können selbst diese Kreaturen nicht in einer nach Bier und abgestandenen Kippen stinkenden, dreckigen und versifften Wohnung guten Gewissens länger als 48 Stunden überleben. Da aufgrund des bereits mehrmals erwähnten schmalen Geldbeutels von Studenten die Möglichkeit des sofortigen Umzugs ausscheidet, bleibt nur eine Wahl: Saubermachen. Was zu der zuerst genannten Schlußfolgerung führt, daß WGs einfach nicht dreckig sind. QED.

# Nachwort

Irgendwas fehlt hier, ganz sicher. Ich kann leider nicht genau sagen, was. Wer Vorschläge hat, möge sie mir doch bitte kundtun, vielleicht kommt ein zweiter Band dieses Buches heraus. Ansonsten will ich hier nicht viel Worte verlieren, abgesehen von den üblichen Danksagungen (Mama, Papa, Familie, Freunde, Bekannte...das dürfte so alle abdecken). Ganz wichtig bei diesem Buch ist natürlich der Haftungsausschluss. Also:

Zu Risiken und Nebenwirkungen fragen sie wen auch immer, aber nicht mich.

Die nichtvorhandene Handlung dieses Buches basiert auf realen Gegebenheiten und alle Personen, die namentlich in diesem Buch erwähnt werden sind entweder nichts weiter als das Produkt meiner gestörten Phantasie oder so bekannt, daß jeder die Verarschung verstehen sollte. (Was, nebenbei erwähnt, beweist, daß ich keine gestörte Phantasie habe – namentlich wird hier nämlich niemand erwähnt.) Ähnlichkeiten mit dem wahren Leben sind gewollt und der eigentliche Grund, warum dieses Buch überhaupt geschrieben wurde.

Sollte sich jemand aufgrund seiner religiösen, sexuellen, moralischen oder sonstigen Weltanschauung angegriffen fühlen, kann ich auch nichts dafür, nächstes Mal eben ein anderes Buch lesen. Siehe auch Risiken und Nebenwirkungen.

Das vorliegende Buch spiegelt meine Gedanken und Meinungen wider, falls mir daraus irgendjemand einen Strick drehen will berufe ich mich auf den Artikel im Grundgesetz, der sich mit der freien Meinungsäußerung befasst (steht glaube ich ziemlich am Anfang irgendwo).

Auszüge aus diesem Buch dürfen nur dann veröffentlicht werden, wenn man mir vorher einen Batzen Geld zahlt, als Student im Geist fühle ich mich schließlich konstant blank. Falls eine Zeitschrift dieses Buch oder Auszüge daraus abdrucken sollte, verlange ich ein Jahresabonnement im Voraus, damit ich die Qualität dieser Zeitschrift beurteilen kann und im Notfall ein Jahr später eine Gegendarstellung veröffentlichen kann oder als empörter Abo-Empfänger einen deftigen Leserbrief schreiben kann.

Urheberrecht und Trademark und so lasse ich mal jetzt weg – das alleine würde schon ein weiteres Buch lesen. Wer Interesse für diese Themen aufbringt, soll in den nächsten Laden gehen, ein Halstuch kaufen und Jura studieren gehen, aber mich bitteschön in Ruhe lassen.

Noch ein abschließender Hinweis: Rauchen dieses Buches führt zu Gesundheitsschäden, Nierenzusammenbruch, Milzbrand, Magen- und Darmgrippe, Kopfschmerzen, Pest, Zahnfäule und Skorbut. Außerdem ist dies ein Buch, und wer auf die Idee kommt, es zu rauchen anstatt zu lesen, ist sowieso ein Idiot.